JN328132

霊性の宗教

――パウル・ティリッヒ晩年の思想――

石浜　弘道　著

北樹出版

はじめに

目に見える世界、手で触れることができる、五感で感じられる世界のみを、私たちは確実に存在するものと思ってしまう。五感の能力を超えた領域に対しても、顕微鏡のような特殊な装置を使って五感の世界を広めていく。そしてこの線上でのみ私たちは確かな領域を拡大していくのである。この領域が自然科学であり、科学技術の対象界である。その結果、五感で捉えられる有限な対象世界がすべてであるかのようにみなされる傾向が主流となってしまった。だが私たちの世界がこのような有限な世界のみであるとみなすなら、そこには次のような危機的状況が迫り来ると哲学者マルチン・ハイデッガーは指摘する。

それは「狂奔する技術と平凡人の支えなき組織との絶望的狂乱である。地球のすみからすみまで技術的に征服され、経済的に搾取可能となっている。——世界の暗黒化、神々の逃亡、大地の破壊、人間の大衆化、創造的で自由なもののすべてに対する嫌疑、これらがすでに全地上にひどくはびこってしまっている」。「そのつど本質的なものが人間へと到来し復帰するその源をなしているあの深み、そういう深みがなくなった世界へと現存在は滑り込み始めたのである。すべてのものは同じ一つの平面へと落ちてしまった。延長と数という次元が有力な次元となった」(Martin Heidegger,Einführung in die Metaphysik,Max Niemeyer Verlag Tübingen,1998(1953),S.28-29,35, 川原栄峰訳『形而上学入門』理想社参照)。

ハイデッガーが語るように、私たちの世界はもはや延長と数のみで規定される奥行きのない薄っぺらな世界になってしまったのだろうか。だが、私たちの生きている世界は五感という限られた能力で取り扱われる狭い世界だけではないであろう。この世界を有限な世界と言うなら、その背後にはそれを超えた世界、つまり無限な世界の広がりがあるとも考えられる。これまで哲学者や神学者たちはその世界を形而上的世界あるいは超越的世界と呼び、それを探求してきたのである。

その世界の主なものに神的世界があろう。私たちはその世界が存在するということに心の平安を感じまた拠り所とすることで、自らの生に希望と勇気を与えられ生きてきたのである。しかしこの神的世界は五感の対象とならない、科学の研究対象とならない世界である。ある人々はこの世界を無知な時代の迷信として軽視・排除してきた。しかしはたしてそうであろうか。たしかに五感の対象ではなくても、私たちが科学的に取り扱うことができなくとも、それは私たちにとってなくてはならないものと思われる。現に、ハイデッガーに指摘された方向の内にも先進国を含めて世界各地に神的、つまり宗教的な力が生き生きと働いているのを、今日確認することができる。人類の歴史は宗教とともに歩んだ歴史であり、オーギュスト・コントが言うような、時代が進むにつれ宗教の時代は終わりを告げつつある、という予想は事実と反することが次第に明らかとなってきた。

しかし宗教がファンダメンタリズムやカルトのように、その一方で破壊的な力の暴走となってしまったことも事実である。そこでは宗教が人々を愛の世界に導くというあるべき姿が背後に押しやられ、それに代って人間の勝手な思いやご都合主義、エゴイズムにより宗教が利用・誤用され、憎しみを助長するものとなってしまった。宗教が個人や集団の独断により歪曲され、エゴの道具として悪用されてしまったのである。こうなった原因は、五感では捉えられない世界を捉えられないということでその探求をあきらめ放棄してしまった、あるいは宗教を無知な者の妄想として軽蔑してしまった、また実証不可能ということで曖昧で怪しげゆえに無視してしまった等により、本来吟味し続けなければならない「あるべき宗教」の追究を怠ってしまったからではなかろうか。
だが本当にこのままでよいのか。今日の科学中心の時代であっても人々の心を強く捉えている宗教の力を、もう一度しっかりと見つめなおすべきではないのか。ここに私たちは宗教的世界をなんらかの形で正しく把握することが必要であると考える。だが宗教的世界は人間の有限性を超えた無限なる世界である。これを有限な私たちが自らの理性で捉えることはきわめて困難である。しかしまったく関わることができないというわけではない。ではそれはいかにして可能か。たしかに私たちの側からはそれは不可能であろう。しかし宗教の側から、神の側から私たちに関わってくるということなら可能ではなかろうか。聖書には次のような記述がある。

「神はご自分のことを証ししないでおられたわけではありません。恵みを下さり、天からの雨を降らせて実りの季節を与え、食物を施して、あなた方の心を喜びで満たしてくださっているのです」（使徒言行録14：17〜）。
「神について知りうる事柄は、彼らにも明らかだからです。神がそれを示されたのです。世界が作られたときから、目に見えない神の性質、つまり神の永遠の力と神性は被造物に現れており、これを通して神を知ることができます」（ローマの信徒への手紙1：19〜）。

聖書のこの引用はトマス・アクィナスが神の世界開明に向かって、彼の「存在のアナロギア」を展開するときの拠り所となった箇所である。「神はご自分のことを証し」、「神の永遠の力と神性は被造物に現れ」と聖書に語られているように、私たちの世界、被造物の世界が、創造者なる神によって創られたものであり、そこに創造者による指し示しあるいは足跡が残っているなら、そこには両者になんらかの接点があり、そこから私たちは神の世界に迫ることができるのではないだろうか。かつてトマスのような偉大な思想家たちはそこに独自の論理を打ち立て、神の世界を明らかにしようとしたのである。本論ではこの点を生涯にわたって徹底的に考え抜いた現代のキリスト教神学者パウル・ティリッヒの思想、彼の神探求の思索を吟味することで、あるべき宗教の世界開明の可能性を追究してみたい。

ティリッヒは晩年「霊性の宗教」という新たな神学の構想を明確に打ち出し、「霊性」というキーワードから神的世界に迫った。彼が「自分の神学を聖霊論から再構成してみたい」と語ったと言われている（茂洋『ティリッヒ神学における存在と生の理解』新教出版社二〇〇五、一頁）。たしかに『組織神学』第三巻（一九六三）において初めてSpiritual Presence, Gegenwart des göttlichen Geistes（霊の現臨）という言葉が用いられ、「神の霊（聖霊）」との関わりで「人間の霊性」の働きが本格的に展開されている。[1]

ティリッヒによると「霊の現臨」とは「人間の霊性」が「神の霊」（聖霊）、つまり究極的なもの、無制約的なものによって捕えられることであり、「神の霊」the divine Spirit の衝撃 impact によって「人間の霊性」the human spirit が変化することである（STⅢ,p.112）。[2] ここにティリッヒは、今まであまり注目されなかった人間の隠れた能力である「霊性」の存在を明確に語り、それを「神の霊」によって神的世界解明へと導かれる私たちの能力ではないかと考える。一方の「神の霊」の働きについては、バプテスマのヨハネによるイエスの洗礼、イエスの生涯にわたっての聖霊の導き、昇天後聖霊を送るというイエスの約束、「使徒言行録」に記されているペンテコステの出来事、後の三位一体論におけるその位格等にみられるように、キリスト教の歴史の中で常に大きな力を発揮してきたものである。この神の霊が私たちの霊性に決定的な影響を与えてきたことをティリッヒは「霊の現臨」という表現で語るのである。

晩年ティリッヒが霊性を重視していたことは次の言葉からもうかがえる。「私は神秘主義的神学者ではないけれども、どちらかといえば経験と内面性の神学の側にいると言いたい。なぜなら、私は霊が私たちの中に現在すると信じるからである」（ティリッヒ『近代プロテスタント思想史』佐藤敏夫訳　新教出版社一九七六、二九頁）。この箇所は彼が霊的体験を証していると読むことができる。さらにそれは彼が、「ここで私が告白しなければならないことは、この『組織神学』は本質的に、しかし、間接的に、聖霊運動に影響[3]されているということである」（STⅢ,p.125）と、霊性の存在とその内的な働きを重視する聖霊運動の影響を好意的に述べていることからも明らかである。

すでに、霊性に関する論及はティリッヒの神学を理解するうえで重要なものであると語るG・ヴェンツや藤倉恒雄のような先駆的な神学者もいる[4]。だが彼らは霊性の重要性は認めつつも、それを主題として十分には論じていない。そこで、今日霊性がスピリチュアリティと呼ばれ、人間の優れた能力として各方面で注目されているが、ティリッヒはすでにそれを自己のキリスト教神学の中で位置づけるだけでなく、宗教の普遍性を基礎づけようと試みたのではないかということに関しての本格的な考察が必要であろう。

よって、霊性論が主に論じられている『組織神学』第三巻および関連著作を中心に、彼の霊性論の内容を吟味しつつ、それは私たちの精神の働きと類似する人間固有の能力なのか、それは「神の霊」すなわち聖霊とどのように関係するのか、さらにそれが宗教の普遍性という観点からキリスト教だけではなく、宗教一般に対してどのような意味を持つのかを考えたい。

目次

第一章

霊性とその働き

第一節　語義から

1　語　義

ティリッヒが語る神の霊あるいは霊性に関し、まずその語源から考えてみよう。英語の spirit という言葉は、ギリシア語では πνεῦμα、ラテン語では spiritus、ドイツ語では Geist、ヘブライ語では主に רוּחַ (ru'ach) あるいは נְשָׁמָה (n^{e}shāmāh) に由来する。英語では大文字 Spirit の場合「神の霊とその人間への影響」の意味に用いられ、小文字 spirit の場合人間的生の特殊な次元・能力を表すとティリッヒは語る。そこで前者はキリスト教の「聖霊」という意味合いも考え「霊」と訳し、後者の場合は人間の能力という点から「霊性」と訳す[1]。

これらの言葉のもととなったギリシャ語の πνεῦμα、ヘブライ語の ru'ach あるいは n^{e}shāmāh に共通するのは、「息」あるいは「風」を意味するということである。それらを示す主だった聖書の箇所をあげてみると、

創世記6：17「見よ、私は地上に洪水をもたらし、命の霊（息）ru'ach を持つ、すべて肉なるものを天の下から滅ぼす」

創世記8：1「神は、地の上に風 ru'ach を吹かせられたので、水が減り始めた」

詩篇146：4「霊（息）ru'ach が人間を去れば人間は自分の属する土に帰り」

詩篇107：25「主は仰せによって嵐 ru'ach を起こし、波を高くされたので」

創世記2：7「主なる神は土の塵で人を形づくり、その鼻に命の息 n^{e}shāmāh を吹き入れられた。人はこうして生きる者となった」

ヨブ記33：4「神の霊 ru'ach が私を造り、全能者の息吹 n^{e}shāmāh が私に命を与えるのだ」

ルカ8：55「イエスは娘の手を取り、『娘よ、起きなさい』と呼びかけられた。すると娘は、その霊（息）πνεῦμα が戻って、すぐに起き上がった」

ヘブル書1：7「神は、その天使たちを風 πνεῦμα とし、ご自分に仕えるものたちを燃える炎とする」

古代のイスラエル人たちは、空気を息として呼吸するときその存在を強く感じる、荒野を吹き荒れる強風に戸惑う。乾いた大地を黒雲で覆い雨を呼び潤してくれる嵐に畏敬の念を抱く。このように息や風、嵐という動く空気の存在によってまさに神の息吹、霊を感じるのである。そこに彼らは畏怖すべきなにものかの圧倒的な存在を想像する。

さらに、息とは「生命を維持するもの」として呼吸運動、よって死は呼吸の停止である。息があるところでは生命力があり、息がなくなると生命力も消失する。

この息がやがて霊性として展開するとティリッヒは語る。「霊性は有機体に付加された部分ではなく生気づける力そのもの」、生命を与える力である (STⅢ,p.21)。

この「息」あるいは「風」は、旧約聖書の中でヘブライ語の ru'ach n^{e}shāmāh として、新約聖書では πνεῦμα と表記され、存在するものにいのちを吹き込む生命の根源であり、[2] これが霊性の基本的な特徴となる。この霊性が「神の霊」という場合のそれをも含むものと考えるといくつかの特徴が付加されるが、基本はこの「生命力」「生気づける力」と考えられる。

この意味で阿部仲麻呂の、「空気が、分け隔てなく、あらゆる人を等しく活かしている事実は奇跡的であり、驚くべき感動を呼び覚ます。おそらく、そのような驚異的な原事実に古代人たちは感嘆していた。それゆえに、古代人たちが、神の圧倒的な愛の生命力あふれる働きを空気の脅威に譬えて理解しようと努めたことは納得がいく」（「信仰の風光」『岩波講座・哲学13』二〇〇八、一九三頁）、という指摘は説得力がある。だが、πνεῦμα、ru'ach、nᵉshāmāh は単なる空気ではなく、動く空気、つまり風、嵐であり、息であることによってその力を発揮する。古代人たちを動かし、神的なものを感じさせたのは、人間に息づく呼吸であり、沙漠を吹きわたる風であり、砂を巻き上げ迫り来る嵐なのである。

2　ルター

聖書の世界においては霊肉二元論、つまり、神に善しとされる霊の働きとその反対の肉の対立が、人間の希望と原罪としてそれぞれ対応して述べられている。だがこれでは人間の能力である理性や知性は肉に属し罪をなす悪しき能力となってしまう。しかし聖書は人間の能力を一方的に悪しきものと限定しているわけではない。すでに創世記において神が自ら創ったこの世界を「それはきわめて良かった」とすべてを肯定的に語っている。もしそうであるなら、聖書には霊肉（善悪）とは別の区分があるのではないであろうか。それがⅠテサ5：23におけるパウロの言葉、「霊、魂、体」の区分である。さらにこの箇所の重要性に気づき、人間能力の偉大さを語ったのがルターである。

「テサロニケの信徒への手紙Ⅰ」5：23でパウロは人間の能力について次のように語っている。「どうか、平和の神ご自身が、あなた方を全く聖なるものとしてくださいますように。また、あなた方の霊 πνεῦμα も魂 ψυχή も体 σῶμα も何一つ欠けたことのないものとして守り、私たちの主イエス・キリストの来られるとき、非のうちどころのないものとしてくださいますように」。

この聖書の箇所をもとにルターは人間のあり方を霊 πνεῦμα と肉 σάρξ という善悪の関係（質的区別）で捉えるのではなく、霊、魂、体という人間に元来備わっている「本性 natur」による区別から考えている。ルターは次のように語る。

第一の部分である霊 Geist は人間の最高、最深、最貴の部分であり、人間はこれにより理解しがたく、目に見えない永遠の事物を把握することができる。それは信仰と神の言葉が内住する住まいである。

第二の部分である魂 Seele は自然本性によればまさに同じ霊であるが、他なる働きの内にある。すなわち魂が身体を生けるものとなし、身体を通して活動する働きの内にある。そしてその技量は理解しがたい事物を把握することではなく、理性が認識し推量し得るものを把握することである。したがってここでは理性がこの家の光である。そして霊が理性を統制することによって理性は誤謬に陥らない。なぜなら、理性は神的事物を扱うにはあまりに無力であるから。

第三の部分は肢体を備えた身体 Leib である。身体の動きは、魂が認識し、霊が信じるものを実行し、適用するにある。

霊は至聖所であり、照明のない、暗い、信仰の中に、神は住まわれる。というのは、人は見ず、感じず、理解しないものを信じるからである。彼の魂は聖所である。そこには七つの光があり、それらは身体的可視的事物を理解し、判別し、知覚し、認識する一切の働きである。彼の身体は庭であり、すべての人の目に明らかである（『マグニフィカート、訳と講解』ルター著作集第一集第四巻、倉松功、他訳、聖文社一九八四、一六六―一六八頁）。

ところで、人の霊性と神の霊（聖霊）との関係についてルターはここではほとんど語っていない。ただ、パウロの「コリントの信徒への手紙Ｉ」２：10に「神が霊によってそのことを明らかに示してくださいました。霊は一切のことを、神の深みさえも究めます。人の内にある霊以外に、いったい誰が、人のことを知るでしょうか。同じように、神の霊以外に神のことを知るものはいません。」とあるように、ここで語られている神の霊と人の霊性がそれぞれ別なものであり、一つは神から送られた霊というもので聖霊と同一、もう一つは人間に自然本性として元来備わっている霊性である。前者は神によって命を与えられ栄光へと導く神的な霊であり、後者は神との出会いの場としての霊性である。ルターの先ほどの「人間の最高、最深、最貴の部分」という表現から明らかなように、パウロの語る霊性はルターの霊性と同一のものであると考えてよいであろう。

ルターにとって、人間に内在する「霊性」は神の霊を受けとる場所（信仰と神の言葉の住まい）であり、これによって私たちは神を把握する機会が与えられ、信仰に向かう働きの出立点となるものであろう。[3] また「魂」は霊性と同一の特性をもち、この世界における物事を認識する能力としての理性の働きを指すものである。さらに、「身体」は前二者に基づいて私たちが神の御心を実行する能力であるとして、霊肉二元論の肉のような否定的な働きをするものとしては捉えられていない点が重要である。

３ 近 世

ところが近世では、霊性 spirit は mind（心）という意味となり、mind は intellect（知性）という意味を持つようになったとティリッヒは語る。つまり、そこでは霊性と肉体が明確に分離し、霊性に含まれていた力の要素が失われ、知性的要素がその中心となったのである。だがそれでは「神は霊 πνεῦμα である」（ヨハネ4：24）ということが観念的なものになってしまい、生きた現実の力が表現されていない。それは日本語の知的抽象的側面を表す「精神」に近いものとなっている。こうして、霊性の豊かな内容を捨象する傾向が強められ、霊性は肉体に対するものとしての精神へと狭められていった。さらにその精神から意志や感情が分離し、理性・知性とほとんど同義の認識機能となってしまった。だが、大文字 Spirit（聖霊）やヘーゲルの Geist には本来の spirit の意味が残っているとティリッヒは語る（STⅢ,pp.22-24）。

また、「国民精神」「法の精神」という形で「spirit」が使用された場合、それはその使用対象の本質的性格を指すものであるが、人間集団のそれぞれの機能に依存してしまっている。これがプラトン的意味における本質またはイデアの領域を指す「精神界」という使われ方をした場合、イデアは生の可能性であるが生そのものではないゆえに、そこでは観念的な精神論の意味となってしまい、spirit が持っている精神と肉体の一体化した力強い現実性がみられなくなる。

一方、諸霊（spirits）という場合、それは生を離れた霊性、その霊性は無機的な物質のようなもので、生の次元とは異なる幽霊的（ghostly）な性格を持つ。それは降霊術的対象として肯定されたり、超感覚的知覚のように経験科学的研究対象とみなされたりする。たとえば、死者の霊と接触し、そこから物理的反応（騒音、言葉、物理的運動、可視的顕現など）を引き起こそうとする。人間が死後なにか別のもの（霊）に変質し、心理・物理的存在を保っているとする。しかしそれらは神の霊によって決定づけられた聖霊的なもの（Spiritual）とは異なる、またキリスト教使信が「永遠の生命」と呼ぶものとも同一ではない。それらは人間の霊性とも神の霊とも関係がないものであると（STⅢ,p.23）彼は経験対象的な霊との違いを明確に語る。

さらにティリッヒは日常的に使われている霊性と類似している言葉（霊魂、心、ロゴス）と対比することから、それをより明確にする。

霊魂（ψυχή,soul）という言葉は、霊性と同じ運命をたどった。この言葉は、それ自身を「霊魂についての教説」と呼ぶ人間の企て、すなわち心理学の中で失われてしまった。現在の心理学は霊魂不在の心理学である。その理由は、ヒュームやカント以来の現代認識論によって不滅の実体としての霊魂が否定されたことによる。ここでは霊魂はわずかに激情 passion や情緒 emotion の座を示す詩的象徴に歪曲されてしまった。

心（νοῦς）という言葉は、霊性の代用にはならないが、生に関する教説においては、基本的な機能を持っている。それは環境世界および自己自身との関係における生物の意識を表現する。それは意識 awareness と知覚 perception と志向性 intention を含んでいる。それは自意識が現れるや否や、動物の次元に現れる。そしてそれは知性と意志と方向づけられた行動とを含んでいる。

ロゴス（λόγος）の意味での理性（reason）は、それによってすべての次元における実在が、またすべての方向におけ る心が構造づけられている形式の原理である。エレクトロンの働きにも理性があり、小児が最初に語る言葉にも理性があり、精神のあらゆる表現の構造にも理性がある。だが、霊性には理性以上のものがある。霊性は理性と異なりエロースを含み、情熱を含み、想像力を含んでいる。しかしロゴス的構造を抜きにしては、霊性はなにも表現することができない（STⅢ,p.24）。

以上の語義的考察からいえることは、霊性は神にも人間にもその存在意義があり、神の霊においては生命性にその特徴があるのに対して、人間の霊性は人間の諸能力に並ぶ、宗教的世界に関わる一能力というだけではなく、それらを包括するものであるということ、しかもそれは生きた活力を与える力でもある。(4)それはティリッヒが、ヘーゲルのGeistが彼の霊性をその内容として担っていると語っていることからもいえよう。つまりヘーゲルのGeistはその自己展開の弁証法的ファクターとして、意識一般、自覚、理性、精神、宗教、絶対知という人間精神の発達史に現れるすべての要素を包括しているのである。よって、ティリッヒは霊性を人間の宗教的な一能力・機能として考えただけではなく、人間的生の諸能力すべてを包括し、しかもそれらの活力となる生命の根源力と考えたのである。

第二節　癒し、救い

次にティリッヒはこのspiritの主要な働きである癒しとしての生命力に言及する。つまり、彼は救いが病の癒し、心の癒しとなることを語る。

1　病と治癒

救いsalvationという名の語源であるギリシア語のσωτηρία はσάος に、ラテン語のsalvatio はsalvus に、ドイツ語のHeiland はheil に由来している。このheil は英語のheal と同系の語である。つまりσάος 、salvus、heil という形容詞は、「全体の（完全な）、分裂していない、破壊されていない、分解されていない」、したがって分裂した不健康な状態と対照的に身体的精神的に「健康な」の意味である。ティリッヒによると、マタイ9：22のイエスの治療行為に関する言葉、σέσωκέν σε（汝を救った）の英語訳はmade thee whole（汝を全くした）であるという。そこで救いは原理的に、またその本質に従っていうと治療であり、病という分裂、分解、崩壊していた状態から全体への回復である（P・Tillich,MainWorks・Hauptwerke- 略 MW2 1990 deGruyter〈The Relation of Religion and Health,1946〉,p.211 邦訳、ティリッヒ著作集第七巻「宗教と健康との関係」谷口美智雄、他訳　白水社一九七八参照）。

ティリッヒは病と救済について神話的宇宙論的視点からも語る。「人間（身体と霊魂）だけでなく、自然（宇宙）もまた病んでおり、治療を必要とし、救済の出来事によって癒されなければならない」。イザヤ書24章4節は地の衰退とすべての自然の諸力の減退について語る。

「地は乾き、衰え、世界は枯れ、衰える。地上の最も高貴な民も弱り果てる。地はそこに住む者のゆえに汚された」

マルコ福音書の終末の幻（13章）やヨハネ黙示録は究極的救済に先立つ天体宇宙の崩壊と地にふりかかる災危とを描写している。宇宙的秩序の解体の前兆は自然のもろもろの生物の間の、また人間と自然との間の敵対関係である。神と野の獣との契約（ホセア書2：18）と呼ばれている自然の秩序が破壊し、その結果が混沌と自壊である。詩篇第90編の最古の部分は、人生の労苦と人間の短命への嘆き悲しみである。この詩はそれを神と人間との間の断絶によって説明し、堕罪による楽園喪失の古神話をそこに響かせている。地自体が病患にかかり、神の呪詛のもとに雑草を生じ、その結果が人間と動物（蛇によって代表）との間の敵意、出産分娩の陣痛、兄弟殺し、楽園での人間の自然的可滅性を克服していた神々の食べ物（生命の木の実）の喪失である。

全くする、癒す、という意味における救済の観念が、宇宙的荒廃と同様、多くの事例が示しているように人類の社会的分裂に関連している。だが、治療と救済との関係にとって最も重要なのは、人間における心霊的分裂状態についての神話的解釈である。その分裂は霊魂に「とり憑いた」「魔的諸力 demonic powers」の結果なのである。精神病患者も身体的な病人も魔的諸力に憑かれた結果である（憑霊）。自然、社会、霊魂はすべて同一の崩壊原理に従っている。それらはすべて悪霊 demons、正確には、崩壊の心霊的諸力 psychic forces に憑かれているのである。

しかしこの悪の諸力に憑かれていることは自然的出来事ではない。それは神の呪詛の結果であり、神の呪詛は罪の結果、すなわち私たち責任ある自己が関与し、したがって罪責を含むところの分離行為ないし反逆行為の結果である。宇宙的な疾患は宇宙的な罪責である。何人もこの罪責から除外されない（MW2,pp.211-212）。だがこの疾患は治癒されねばならない。「救済神話は宇宙的疾患の神話に厳密に対応する。自然の崩壊は救済すなわち宇宙的治癒行為によって克服される。自然界に平和が蘇る（イザヤ11：6）。野の獣における粗暴な自然がダビデ、イエスなどのような牧者王によって克服される」（MW2,p.212）。

救済ないし宇宙的治癒は、第一に、魔的諸力を征服して宇宙的混乱を新しい秩序に転換する神的行為である。この行為によって治癒の力は、苦しみと死を通して神との一体性を証明する個人の生の形（イエス）をとって地上に現れる。第二に、救済ないし宇宙的治癒は、個人が救済の力ないし普遍的治療過程に関与する人間的行為となって現実化する。これを効果的にするために、人間にこの治癒の力の源泉を知らせ、あるいはまた個々の個人的社会的状況の中に治癒の力を流入させることが、祭儀の機能（祭司、聖語、呪文、呪符、サクラメントなどによる）である（MW2,p.215）。

古代世界においてはどこでも、宗教的治療は、常に呪術的治療および自然的治療と結合していた。医者は僧侶であり、僧侶が医者であった。宗教的な見地が薬品、湯治、食餌療法、また外科手術さえも排除しなかった。さらに重要なのは呪術的な面である。参籠ないし寺宿りの慣行においては、その期間中に心理的に準備されていた患者の幻視の中に治療神が現れたが、これなどは呪術と宗教との典型的な混合を示している。同様のことが、治療過程における誓願供物奉納、魔除け護符、呪文声唱、姓名呪術などの援用にも現れている(MW2,p.218)。(5)

2　治癒者イエス

ではイエスはその救い・治癒の力をどのように遂行したのであろうか。ティリッヒはイエスを霊の現臨によって全く捕えられた者、霊によって全く決定づけられた者とみる。

マタイ福音書によれば、神の国の到来は無制約的な治癒力の出現を含んでいるからこそ、イエスはなによりもまず治癒者なのである。洗礼者ヨハネの「あなたはメシアか」の問いに対して、イエスは自己の治癒力を指摘することによってそれに肯定的に答えた。

「目の見えない人は見え、足の不自由な人は歩き、らい病を患っている人は清くなり、耳の聞こえない人は聞こえ、死者は生き返り、貧しい人は福音を告げ知らされている」(マタイ11：5)。

これと同じ力が、救済の到来を告知する使徒たちに与えられている。「イエスは十二人の弟子を呼び寄せて、汚れた霊に対する権能をお授けになった。汚れた霊を追い出し、あらゆる病気や患いをいやすためであった」(マタイ10：1)。

そしてイエスは語る。「行って、〈天の国は近づいた〉と述べ伝えなさい。病人をいやし、死者を生き返らせ、らい病を患っている人を清くし、悪霊を追い払いなさい」（マタイ10：7〜）。治療と救済との同一性を示すこれ以上の表現はないとティリッヒは語る(MW2,p.213)。

病人を癒し健康を回復することは、同時に救いの技でもあったとすると、そこには病気そのものを罪、穢れとみるユダヤの風習があったと指摘する神学者もいる（山形孝夫『治癒神イエスの誕生』小学館一九八一、八―一一頁）。

だが、それは当時の一般的な風習というよりも、田川健三の詳細な研究成果が語っているように、当時の社会では回復困難と思われていた病気、特に悪霊に憑かれたもの、らい病人、盲人などは、神の呪いの結果であり、まさに神の刑罰として迷信化してみたがる人たちがいたということであろう。不治の病の根源には罪と穢れがあり、それゆえに神から呪われ、人々から見捨てられたと言って病の人を糾弾する心ない人たちに対して、イエスは立ち上がったのである。このような絶望に打ちひしがれた人々をイエスは積極的に訪ね求め、彼らの友となり支え癒していった。イエスはその治療活動を通して、精神的肉体的に虐げられ差別され見捨てられた人々を解放していったのである。そうしてイエスはこうしたユダヤ社会にあった迷信的な悪行、「病人を穢れた者や罪人のように扱うこと」を明確に拒否したのである（田川健三『新約聖書・訳と註』第一巻、作品社二〇〇八、一七一―一七二頁）。

聖書ではイエスによる治癒・救いを具体的に次のように述べている。

「らい病を患っている人が、イエスのところにきてひざまずいて願い、〈御心ならば、わたしを清くすることがおできになります〉と言った。イエスが深く憐れんで、手を差し伸べてその人に触れ〈よろしい。清くなれ〉と言われると、たちまちらい病は去り、その人は清くなった。」（マルコ1：40―42）

不治の病に冒され見捨てられてしまった人々がイエスの霊性に触れることにより、その病が癒されたのである。神と一体である全き人イエスに関わることにより、自己を見失い神から離れた人々が神と共にあること、神への無条件の信頼と服従を取り戻したのである。それは神との再結合となり自己の分裂の克服である。(6)

そして、霊の現臨によって捕えられた存在の状態を示す決定的にして伝統的な形態がエクスタシーである。

第三節　エクスタシー

エクスタシー ecstasy の語源であるギリシア語の ἔκστασις は ἐκ「中から出て、外へ」と στάσις「置く」からなり、そこから元来「外に出ること」、「意識の外に置くこと」という意味を持つ言葉である。日本語ではその意を汲んで脱自とか恍惚、忘我、法悦と訳すが、ここでは語源に近い表記の英語エクスタシーと記す。

1　その特徴

ティリッヒは霊の現臨（神の啓示経験）によって捕えられた人間の状態をエクスタシーとして次のように語る。

「神の霊・聖霊 Spirit と霊性 spirit の関係はメタファーとして語られる。つまり、神の霊は人間の霊性の中 in に宿り、また働く」。この中に in という言葉は、神的なものと人間的なもの、無制約的なものと制約されたもの、創造者と被造物との関係のすべての問題を含んでいるとティリッヒは語る。

もし神の霊が人間の霊性に突入すれば、それは神の霊が人間の霊性の中に静かにとどまっていることを意味しない。それは神の霊が人間の霊性を追い出すことを意味する。「神の霊の in は、人間霊性にとっては out である」。

しかしそれは人間の霊性がそこから追い出されるのではなく、「有限な霊性が自己超越へと追い込まれる」ことである。「人間霊性は究極的なもの、無制約なものによって捕えられる。それは依然として人間の霊性であるが、同時に、神の霊の衝撃によって、自己自身から出て行く」。このような霊の現臨によって捕えられた人間の精神状態をティリッヒはエクスタシーと言う (STⅢ,p.112)。

彼はエクスタシーの特徴を四点あげている。

第一に、霊の現臨は啓示の経験と救いの経験とにエクスタシー的状態を作り出し、人間霊性をして自己を超えさせるが、その合理的な構造を破壊することはない。エクスタシーは統合された自己の中心性を破らない。もし破るなら、それは魔神的憑依となってしまう (STⅢ,p.112)。

第二に、霊の現臨は合理的な構造を破壊することはないが、人間霊性だけではなしえない何事かをする。それが人間を捕えるとき、明確な生を創造する。だが、人間霊性は神の霊を自分の霊性の中に入るよう強いることはできない。もし宗教的情熱、道徳的服従、科学的実直が神の霊を私たちへ下ることを強いるとすれば、その霊は宗教的偽装をした人間霊性であり、いわゆる降霊術であろう。それは人間霊性の上昇であり、人間の自己超越いわゆる偶像化である。有限者は無限者を強いることはできない。人間は神を強制することはできないのである (STⅢ,p.112)。

第三に、霊性によるエクスタシーは奇跡へと発展する。

「神は自らをこの世界に示すために、本質的に善であるこの世界を破壊する必要はない。私たちはこの場の超自然的な意味における奇跡を否定した」というのがティリッヒの立場である。ただ、「宗教の歴史において、霊の現臨の顕現は奇跡的性格を持っている。霊性は物理的効果を持つ。ある人を一つの場所から他の場所へ移動させたり、身体の内部に変化を起こさせる。霊性はまた通常の性格を超えた心理的効力を持ち、知性や意志に対して、人間の自然的能力を超えた能力を与える」(STⅢ,p.115)として、ティリッヒは超自然的な奇跡自体を認めないが、霊性が他の心的能力に与える物理的効果を否定しない。だが、どうしてそのようなことが生じるかについて彼は詳述してはいない。

第四に、理性との関係については、

エクスタシーは、霊性がその通常の状態を超えて出るという意味において異常な精神状態である。それは理性の否定ではない。それは理性が自己を超える、すなわち主観―客観的構造を超える霊性の状態である。理性が自らを超えるとき、理性は自己を否定するのではない。「エクスタシー的理性」もやはり理性である。理性は非合理的、または反合理的なものを受容するのではなく、有限的合理性の基本的状態、すなわち主観―客観的構造を超越する。これは神秘家が禁欲や瞑想によって到達しようとした状態である(STⅠ,p.112)。

このように、私たちが神の霊によって捕えられた(私たちが神を利用するために捕えるのではなく)ときに生じる神的なあり方、つまりエクスタシーは認識の主観―客観構造を破壊するのではなく、それを超越する。それは理性が超理性(エクスタシー的理性)となることを意味するのであろう。そうした理性が神の霊と一つとなった理性・大悟した理性ということである。理性はここでは霊性の一つの形態であるかのように超越的な働きをなすものとして表現されている。

ただ、ここでもティリッヒは高次の理性と霊性との関係を詳述してはいない。本来エクスタシー的状態は私たちの霊性の働く場所であるが、有限な理性は霊性に基づくものとして、そこからその本来の力を与えられていると考えると、神の霊との出会いの衝撃から霊性によって有限な理性がそのままの状態で霊の力に包まれたと考えるべきであろう。

つまり、理性が霊性的性格をもって自己を超えたと考えるべきではない。理性は常に有限を知る理性であり、その限りで有限を超える理性に対し自らの限界を示し続ける理性と考えるべきであろう。

2　類似の諸現象

次にティリッヒは『組織神学』第三巻において、エクスタシーと類似の働きをするものと比較することで、その特徴をさらに明確化する。

(a) 霊感 inspiration と注入 infusion

この二つの言葉は、人間霊性が霊の現臨の衝撃を受ける仕方を表現している。ティリッヒによると両者の相違は、前者は人間霊性の中に神の霊が「吹き込まれる breathing」ことを、後者は神の霊が「注がれる pouring」ことを意味する点にある。

注意しなければならないのは、霊感の経験が、神についての情報を提供する lesson へと転化されるときに起こる歪曲である。「注入」はカトリックで「聖霊の注入」「信仰の注入」「愛の注入」などと使われたが、プロテスタントでは懐疑的である。その理由は、これがカトリックによって魔術的・物質的意味に誤用されてきたからである (STⅢ,p.116)、と彼は語る。

ただ霊の現臨のエクスタシー的受容が霊感や注入として記述されるなら、次の原則が守られねばならない。それは、霊の現臨の受容はエクスタシーが主観—客観構造を破らないような仕方でのみ記述されなければならないということである (STⅢ,p.117)。

エクスタシーはその認識的要素に関しては、「霊感」と呼ばれる。この語は「息をするspirare」の語から由来し、エクスタシー経験においては（息をすることで）私たちの霊性の中に神の霊が吹き込まれる、と比喩的に表現することができる。

一般に、認識の無反省的行為を記述するときこの語が使用される。霊感を受けるとは、創造的気分になること、なんらかの理念に捕えられること、突然の直観によって理解することを意味する。これとは反対にこの語の誤用は、聖書の霊感説に結びついている。霊感は、機械的な口授行為のように解される。この非エクスタシー的な霊感説は霊性の理性的構造を破壊する。

「霊感は理性の主観―客観的構造によって規定された知識の総体に何かを付け加えるものではない。それは知識の新次元、私たちの究極的関心と存在の神秘の次元を開示する」(ST I,p.114)。神の霊の衝撃によって覚醒された私たちの霊性が宗教の世界を開くのである。ここに霊感の正しい働きがある。

（b）陶酔 intoxication

主観―客観構造を超越するエクスタシーは、自己意識の次元における偉大な解放の力である。ただこの解放の力は霊性の主観―客観構造以下と以上を混同する場合がある。以下のものが陶酔である。陶酔は人格的中心性と責任、および文化的合理性という重荷を負った霊性の次元からの逃避の試みである。それは一時的に人格的・共同体的実存の重荷から私たちを解放する。しかし究極的には、それは破壊的であり、それが避けようとする緊張を高めるばかりである。陶酔には霊的な生産性や創造性が欠けている。それは人格を破壊する空虚な主観性、無責任な有頂天に私たちを誘うものである(STIII,p.119)。

（c）祈り prayer

祈りには人格的な神的存在に対して自己の心を素朴に打ち明けるという形態と、瞑想により個の魂が此岸の世界から脱却し、神的存在と一体となるという神秘的形態とがある。ティリッヒがそれを、「エクスタシー経験の最善にして、最も普遍的な例は祈りの形態である」と語っていることから考えると後者に近い。

すべて真剣にして有効な祈りは、多くの祈祷者がするように、親しい仲間としての神への語りかけではない。後者の場合、神に向かって語るということは、主観—客観構造の中で神を祈りの対象とすることである。しかしながら、「神は同時に主体となることなしに、客体となることはできない。私たちを通して自己に祈りたもう神に向かってしか、私たちは祈ることができない。祈りは主観—客観の構造が克服されている限りにおいてのみ可能である。それゆえに、祈りはエクスタシー的可能性である」。ここに祈りの偉大さがあると共に、絶えざる世俗化の危険がある(STⅢ,pp.119—120)。それは主観—客観構造の中で神を祈りの対象として有限化してしまうことである。そこで祈られているものはもはや神ではなく主観的な想像物であろう。

（d）熱狂 enthusiasm

エクスタシーと熱狂は混同される場合があるが、熱狂の語は自己自身の中に神を持つ状態、あるいは神の中にいる状態を意味する。両者の基本的意味は同じであるが、熱狂はこうした宗教的意味内容を失い、ある理念、価値、流行、カリスマ的な人間等々を情熱的 passionate に支持するだけになってしまう場合である。つまり熱狂は主に文化的対象との合一であり、神的でないものを神的であるかのように思いそれと一体化することである(ST Ⅰ, p.112)。いわば偶像への自己同一化である。

(e) 魔的憑霊 demonic possession

ティリッヒはまた私たちの精神 mind が神的な霊に乗り移られ、エクスタシー的となる場合との違いを語る。魔的憑霊が精神の合理的構造を破壊するのに反し、神的エクスタシーはそれを超越しつつ保存しかつ高めるのである。「魔的憑霊は理性の倫理的、論理的原理を破壊するが、神的エクスタシーはそれを肯定する。実践理性の原理としての正義を破壊する似而非啓示は反神的であり、虚偽と判断される。魔的なものは盲目的であり真の啓示ではない。魔的憑霊の状態においては精神は真に自らを忘れるのではなく、むしろ理性的自我の中心を捕えてそれを破壊する、全きものであろうとする精神の個々の要素の力の手中に落ちる」(ST I,p.114)。このように魔的憑霊は論理的合理性を破壊するだけでなく、善や正義、秩序をも破壊するものである。

神の霊に満たされた状態、つまり神の霊に捕われることによる自我の解放であるエクスタシーは、神的なものとのつながりのない、主観的な過度の興奮や思い込みであったり、個人的社会的責任からの逃避であってはならない。あるいは文化的レベルのものを神的なものとみなしてしまう偶像崇拝に陥ってはならない。さらに道徳を破壊し、実践理性を無力とするものではなくそれを強化するものでなければならない。エクスタシーは文化的なそれとは異なる。同様にそれは認識の主観—客観構造を破壊するのではなく、それを高めるのである。ティリッヒはエクスタシーの認識面である霊感を「究極的関心と存在の神秘とに関連する理解の次元を開示」する能力と語る。このことは私たちの「認識作用を高める」という観点から、神の霊的作用による神的世界解明へと私たちの霊性を導くと考えられよう。

ところで霊に満たされるとき私たちはそこに神的なものとの合一に至る。これが神秘主義である。

と言われている。

第四節　神秘主義

1　否定道

　ティリッヒによると、神秘は「目を閉じること」「口を閉じること」を意味するギリシア語の μυέω に由来すると言われている。

　そこで神秘は見る行為を超越しているので、目は「閉ざされる」。神秘の特色は主観—客観的関係以前の次元にあることである。「目を閉じる」とは、自分自身へ帰ること、そして自分自身の内で神の照明を受けることである。私たち自身の内の底知れない奥から光が照射してくるためには、外からの光は遮断されねばならない。開いた目を通して、私たちは絶えず外の事物に心を奪われ、外の事物のうえに私たちの心を散らしている。その散った心を集め、私たち自身を私たち自身の内へ集中するということは、いわば私たち自身が私たち自身を突き破る錐となり、私たちの内のかなたから流れ入ってくる光に道を開けるということである。「目を閉じる」とはそういうことを意味している (STI,p.108)。

　このことは「口を閉じること」においても同様である。神秘の体験を普通の言葉で表現することは不可能である。なぜなら普通の言葉は主観—客観の図式から生じ、これに拘束されているからである。「口を閉じる」とは、私たちの魂の深い内奥に発せられた神の密やかな言葉を聞くことである。私たちは普段たえず口や頭で喋り散らしている。それはやはり私たちの心が私たちの外へ散っていることである。私たちの魂の内奥に発せられている神の言葉が私たちに聞こえてくるためには、私たち自身の言葉が黙し、私たち自身の思考が休止せねばならない。魂の沈黙の内でのみ神の言葉が聞かれうるのである。

こういう態度の内には、神の光に照らされるとか、神の言葉を聞くとかいうことを、どこまでも自分自身の魂の内で直接に体験しようとする要求が現れている。そのように神にじかに触れようとすることは、生ける神にその生けるままに触れようとすることである。あるいは神の生命そのものに触れようとすることである、(7) これが神秘主義である。神秘主義は内面性、内的経験を通じて究極的実在に参与することである。

ティリッヒは神秘主義に対しておおむね肯定的であり、その特徴を次のように語る。

「霊の現臨は、歴史的には神秘主義と排他的唯一神教においてその例を見ることができる。神秘主義は、種々の具体的媒介を超えるものである。神的諸形態 divine figures とその具体的実在はともに無用となる」(STⅢ,p.142)。霊の現臨において神秘主義は、人間の「霊性がエクスタシー的状況になったとき、初めて十分に経験される。このような意味において神秘主義は、人間の主観―客観的な有限な構造を超えることによって、神的なもののあらゆる具体的表現を超える。しかしまさにこの理由によって、神秘主義は中心性を持った自我を無化し、霊性のエクスタシー的経験の主体を失う危険にさらされている」(STⅢ,p.142)。

そこで神秘主義の特徴は、第一に、神を伝えるもの、媒介するものを必要としない。そこでは、神を指し示す記号、象徴や暗号はもはや必要ではない。神に対してはその直接的な出会いの経験のみがある。

「霊の現臨は確定された言葉や確立されたサクラメントを突破する。聖霊運動 Spirit-movement によって引き出された結論は、霊性はこのような媒介を要しないということであった。霊性は人間の深みに住んでいる。霊性が語る場合には〈内なる言葉 inner word〉を通して語る。内なる言葉を聴く者は、教会の啓示的伝承から独立し、新しい個人的な啓示を受ける」(STⅢ,p.125)。ここに人間の霊性は諸能力を捨象して、最も純粋な形で直接に神の啓示あるいは神の霊の働きに触れる。

そうであるゆえに、第二に、神秘主義は人間の主観―客観構造を超越、もはや主観である私も客観である神もなく、私と神が一体となることである。あるいは神の中に私が溶け行くことである。そこでは思惟する自我さえも失われていく。

しかし、神が人間に対しても全世界に対しても絶対に他なる神、それらと絶対に隔絶する神である場合、神と人間との間に、主客を超えての一体化というものが可能なのか。神秘主義はその可能を主張する。それが可能となるためには、つまり神と自己との間の絶対的な隔絶が超えられうるためには、道は一つしかない。それは自己が神の中に溶けてゆくこと、思惟する自我が消滅することである。換言すれば、私たちの霊性が神の霊に包まれること、一つとなることである。仏教的宗教哲学者西谷啓治はこのことを次のように語る。

「自己が無になるということである。あるいは自己が自己自身に死ぬことである。もちろん、自己が死ぬといっても、肉体的な死のことではない。肉体の死は〈自己〉の死ではない。また自己が無になるといっても、自己というものが単に無くなって終わるということではない。いわば自己が〈自己〉という枠を破ってその外に出るということである。自己自身から離脱した、いわば〈自己〉ならぬ自己になるということである。そういうことは普通には不可能としか考えられない。しかし神秘主義者がエクスタシーと呼んでいるのは、そういうことの体験である。……そういう〈自己〉からの離脱は、自己が自己自身に死することであると同時に、自己ならぬ自己として生かされることである。死して甦ること、全くの生まれ変わり、〈新生〉を意味する。また、不死にして永遠なる自己の自覚、永遠界のうちでの目覚めでもある。彼らはそこにおいて同時に神を見、さらに神との生命的な合一、神との冥合に入ったのである。普通にそれは神秘的合一と呼ばれている」(西谷啓治著作集第三巻「神秘主義」創文社一九九六、二一四頁)。

この西谷の主張には、禅仏教にみられるような自己の徹底した否定・精進を背景とした神秘主義の理解という側面が感じられる。しかしティリッヒの神秘主義理解は、このように自我の否定・無化を追求し、そこに新たに生まれ変わるという否定道を遂行するということとはその方向を異にする。否定道の徹底した遂行においては、人間の霊性までも否定されてしまうことになろう。自我の無化をどこまでも追求するのは東洋的思惟(特に禅仏教)であって、キリスト教はここに人格、さらにはその根底にある霊性を確保する。

「東洋は無相の自我 formless self をもって、すべての宗教生活の目標とするのに対して、西洋はエクスタシー的経験においても、信仰と愛の主体、すなわち人格と共同体を保持しようと試みる」というのがティリッヒの立場である(STⅢ,p.143)。彼の神秘主義は人間の霊性を主体とし、それと神の霊との一体化にある。

2　人格的神秘主義

その端的な例を彼は旧約の預言者にみる。

それは預言者たちが、当時の祭司的宗教において、霊の現臨の世俗化、魔神化と戦った、その仕方に現れている。「旧約宗教においては、神の霊は中心性を持った自我と彼らの出会いとを除去はしなかったが、彼らを昇華して、日常的可能性を超越し、人間の努力や善意では生まれえない霊性状態へと高めた」。神の霊は彼らを捕え、彼らを駆り立てて、預言者的能力にまでその霊性を高めたのである(STIII,p.143)。

旧約の預言者的宗教においては、霊の現臨は人道と正義の神の現臨であるとティリッヒは語る。預言者エリヤとバアルの祭司たちとの間の紛争の物語は特徴的である。それは異なった種類のエクスタシーを示している。「その祭司たちの霊肉に現れたバアルの霊によって引き起こされたエクスタシーは自己陶酔や自傷(self-mutilation)に結びついているが、エリヤのエクスタシーは祈りにおける人格と人格との出会いである」。後者は通常の経験を超越するが、預言者の人格的中心を消滅させたり崩壊させたりしないし、身体的陶酔をも生み出さない。人道や正義のないところには純粋な霊の現臨は存在しない(STIII,p.144)。

バアル神官たちの大声を上げて踊り狂い、自己の肉体を傷つけるという形でなされるエクスタシーつまり自己喪失状態は、たしかにある種の興奮や陶酔をもたらし、自己の解放となるが、しかしそれはすでに述べたように、結局人格的、社会的責任からの逃避以外のなにものでもない。エリヤのエクスタシーは、祈りにおける人格的な神との出会いを通しての自己の人格としての存在の確保、それゆえに人道や正義を内に含むものであった。[8]だが、ティリッヒのこの道徳的な神秘主義解釈に対して西谷啓治の次のような立場が対置しよう。

「神と人間との間の人格的な交わりは、普通には信仰と呼ばれる立場であるが、神秘主義はそういう立場からはみ出たところに成り立つ。神秘主義者にとっては、神の人格性といわれるものは、人間に対して示された神の相、人間から見られた限りでの神であって、神自身の内に於ける神、神の隠れた中心ではない。神自身の内に於ける神を、神秘主義者がしばしば〈神性〉と呼んだが、神秘主義は、魂が神との人格的な交わりを突きつめ、最後にその交わりの枠をも超えて〈神性〉に突入するというところに成立する。人間が神と二つであるかぎりは、彼は彼自身の〈私〉として生き、〈私〉として存在する。神の彼に対する絶対に他なる存在である。しかし神秘的合一において体験される神、すなわち神の神性は、〈超存在〉、〈超有〉であり、その意味でまた無とも言われる。自らを無になし切った魂は、そのことによって〈存在〉としての神の内に突入し、あらゆる存在の次元を超えて神性の〈無〉に合致する。魂の無化の極致はそういう積極的な意味、永遠の生命を得るという意味を持つ事柄である。神秘主義者は、そういうところにおいて、魂の最深の目覚め、彼自身の究極的な自覚を認め、彼がもっとも深く彼自身になることを認める」（西谷啓治著作集第三巻二一五―二一六頁）。

一方、ティリッヒの神秘主義は、人間主体の人格性、人道や正義というものを確保しての神との交わりである。そこでは信仰によるこの世界への積極的な働きかけが確保されている。しかし西谷の語る、道徳的な自我さえも全く否定され、無化され、ただ神によってのみ新たに甦るという神秘主義の極致は、ティリッヒの立場にはみられない。

ここにキリスト教神秘主義の特徴がみられながらも、結果的には、この人格性を保持した神秘主義の思想は、その人道や正義が次第に前面に現れ独立したものとなることによって、不幸にしてカントに淵源する近代プロテスタント思想の中で次第に拒否されていった、とティリッヒは語る。

「プロテスタント正統主義においては、聖化の過程において到達される最高点は神秘的合一である。この理念は敬虔主義によって容易に受け入れられたが、リッチュル学派の人格主義的神学によって、根本的に拒否された(9)。それは、聖化の目標である神との人格的関係にも矛盾するものであり、この目標への道である信仰にも矛盾するものである」（STⅢ,p.242）というのが彼らの主張である。その結果、

「あらゆる宗教経験の資質としての神秘主義は、普遍的に妥当する。だがプロテスタント・キリスト教が、それの神秘主義に対する関係を理解しなかったという事実は、東洋の神秘主義、例えば、禅仏教型の神秘主義のために、キリスト教を全面的に拒否するという傾向を生み出した」(STⅢ,p.243)。さらに、西洋における精神分析学と禅仏教との結びつきなどは、神秘的要素を全く失ったプロテスタント・キリスト教に対する不満として現れたものであるとティリッヒは語る。

しかし、リッチュル学派の主張するように信仰と神秘主義は全面的に対立するものではなく、一方が他方の一要素であるかぎり両立するというのがティリッヒの立場である。

つまり「信仰者の人格の中心が神の霊によって把握されているということなしには、信仰はありえない。無限なものが有限なものの中に存在するという経験、これはまさに神秘主義である。エクスタシー的経験として、信仰は神秘的である。つまり、霊の現臨の経験である。神的なもののあらゆる経験は神秘的である。なぜならそれは主観と客観との分裂を超越しているからである」(STⅢ,p.242)。

霊の現臨においては信仰者の内に無限なる霊が働いている。そのかぎりにおいて、主観―客観の分裂は克服されているゆえに、信仰には神秘主義が含まれ、両者は矛盾するものではない。

「その逆も真であって、神秘経験の中には信仰がある。このことは、信仰と神秘主義とは共に霊の現臨によって捕えられた状態であるという事実に由来する。しかし両者は同一ではない。信仰においては、勇気と賭けの要素が働いている。ところが神秘経験においては、主観と客観との分裂を前提とするこれらの要素は置き去られている」(STⅢ,p.242)。信仰も神秘主義も共に霊の現臨によって捕えられている以上、前者の成果の目標である神との人格的関係は、後者の同様の目標である神秘的合一の前段階と考えられ、やがてそこに達するということから、両者の対立は克服されるのである。

ところで、主観と客観との分裂を超越することは、人間実存の状況において可能かどうか。ティリッヒの答えは、それは「存在の神的根底との出会いにおいては事実であるが、人間の有限性と疎外の限界内においては、断片的であり、予兆的であって、宗教の両義性によって脅かされている」という(STⅢ,p.242)。

霊の現臨によって全く捕えられた私たちの霊性にあっては、有限に内在する無限、主客合一、神との一体化がなされる、これこそまさに神秘主義の極致である。ただそれは存在の根底においては可能であるとしても、有限な人間の現実(実存)にとっては断片的、予兆的、曖昧性というのが彼の考えである。

一方、この主観と客観との分裂、その有限性を克服し神の世界に全く生きたのがイエスである。ティリッヒはイエスをまず象徴として、さらに霊性との関係で考える。ただそれを述べる前に、次章ではまず宗教的世界を論じるのに不可欠な方法論上のキーワードである象徴そして啓示や暗号との関係を考えることで、霊性の特徴をさらに明らかにしたい。

第二章

霊性の展開

第一節　象徴と霊性

目に見えないもの、感覚で捉えられないものを把握しようとするとき、私たちは何かに託してそれを表そうとしてきた。特に芸術や宗教の世界など、私たちの日常の遥か彼方にある深遠なる世界は、感覚を超えたものであるが同時にそれを感覚的に表現する世界であった。その表現手段の有力なものをティリッヒは象徴と考えた。象徴とは、感覚などで直接知覚できないものをなんらかの類似物による具象化によって表すものである。さらにそれは、象徴そのもの（象徴するもの、つまり媒介となるもの）と、その象徴が表す意味内容（象徴されるもの）との関係としても考えられてきた。この象徴されるもの、感覚を超えた世界は、特に宗教では聖なるもの（オットー）、無制約的なもの（ティリッヒ）、超越者（ヤスパース）等と言われている。ここではまずティリッヒが象徴をどのように理解し、それを「無制約的なもの」に適用したかをみよう。

象徴以外に「無制約的なもの」の主要な表現形態に、信仰の立場から神の働きに無条件に聞き従う啓示（Offenbarung）のあり方と、実存主体からのアプローチである超越者をめぐる暗号（Chiffre）による指し示しがある。ではなぜティリッヒは啓示ではなく象徴を語るのか。そして象徴が神の啓示の特殊性に面したとき、象徴だけで把握は可能なのか。象徴の特質・限界はどこにあるのかを考察する。

さらに、啓示の特殊性を打破するものとして、晩年ティリッヒはすべての宗教に内在する神の霊の現臨を語るようになった。それは啓示の特殊性・地域性と象徴の曖昧性を克服して、新たにして普遍的な宗教の可能性を語るものと考えられる。そこでティリッヒに即して霊性の意義や働きを再確認しつつ、霊性が他の神アプローチの方法、つまり象徴や暗号とどのように関わるのかをみてみたい。

1　象徴と啓示——ティリッヒとバルト

(a) 象徴の一般的な特徴

・参与 (participation)　象徴の一般的な特徴として、ティリッヒはまず象徴 (symbol) と記号 (sign) との比較から考える。象徴も記号も同様に、自らを超えて存在するなにものかを指し示している。だが、彼は象徴と記号との基本的な違いを、「記号はそれが指し示している現実と力とになんら参与していないが、象徴はそれが象徴しているものと同じものではないにしても、その意味と力に参与している」という点にみる。(1)

・非本来性の開示 (opening)　象徴は、いつもは隠されており、また他のどんな方法によっても明らかにされ得ない現実の諸層を開示する。象徴の意義の中に押し入れば押し入るほど、詩や絵画や音楽などの芸術において、他の方法では明らかにされない現実の諸層が開示される。象徴はそれがそれ自体を超えた〈本来的なもの〉、何かあるより根源的なもの〈非本来的なもの〉を指し示す (Paul Tillich,Theology of Culture,1959〈The Nature of Religious Language〉Oxford University Press,1959,p.56　邦訳、ティリッヒ著作集第四巻「宗教的言語の本質」野呂芳男訳、白水社一九七九、参照)。

・代替不可能性　象徴は他の象徴によって取り替えられるということはない。記号は取り替え可能である。信号機と国旗の場合のように、もしある人が青い光のほうが緑の光よりも十分効果があると思うなら、そのときそれは青い光にとって代えられるのであって、記号の機能という点ではなんの変化もない。しかし象徴は、それがその固有の機能に用いられる場合には、取り替えられない (ibid.,p.57)。

・生命性　象徴は記号と違って、生まれかつ死ぬのである。記号は、作り出され取り除かれる。それは有用性や慣習の事柄である。一方、象徴は集団的無意識から生まれる。象徴は故意に案出されない。象徴は、その象徴によってそれ自体の存在を再確認するようなグループ・共同体の中で成立したのである。また、ある象徴に対するグループの内的関係が終わるその瞬間に、この象徴は意味を持たなくなり死んでしまう（ibid.,p.58）。ティリッヒはその例として、マリヤの処女性のプロテスタント側での消失を語っている。

・建設と破壊の力　象徴は、個々の人間や共同体に対するその働きにおいて、建設的で統合的な力（たとえば国王という象徴）を及ぼすこともできるし、また、破壊的で解体的な力（たとえば総統という象徴）を及ぼすこともできる（P.Tillich,MainWorks・Hauptwerke- 略 MW4〈The Meaning and Justification of Religious Symbols〉1987 deGruyter p.416　邦訳ティリッヒ著作集第四巻「宗教的象徴の正当性と意味」野呂芳男訳、白水社一九七九、参照）。

（b）宗教的象徴

次にティリッヒは宗教的象徴の特徴を語る。

第一に、「宗教的象徴は、あらゆる象徴と同じように隠されている現実の一つの層を開示する。これは現実それ自体の深みの次元である」（P. Tillich, Theology of Culture, p.59）。この層は、基礎的な他のすべての層の基礎になっている存在それ自体という層、究極的な存在の力という層なのである。宗教的象徴は、人間の魂に対してこの深みの次元の経験を可能にする。それは芸術における一般的な象徴と同様の働きをするが、宗教的象徴は、特にその究極的なものを示すことにおいて顕著である。

第二に、前述の象徴の一時的特徴で述べた、その非本来性に関してである。その際、象徴の二重の働きがある。

たとえば、木の十字架について表明されていることは、もともとはゴルゴタでの磔《はりつけ》という処刑を意味したものである。さらに、神の救いの行為に対して向けられている、つまり、無制約的で超越的なものへの信仰体験に対する象徴的表現となるのである（P.Tillich,MW4〈Das religiose Symbol〉,p.213　邦訳ティリッヒ著作集第四巻「宗教的象徴」野呂芳男訳、白水社一九七九、参照）。

第三に、無制約的なものへの信仰においては、全的献身が要求され、全的充実が約束される。「たとえほかのすべての要求をこの要求に従属させ、ほかのすべての要求をこの要求のために犠牲にしなければならないにしても、全的充実をそれは約束する」（P.Tillich, Dynamics of Faith, Harper & Row,Publishers NewYork,1957,p.1　邦訳　ティリッヒ『信仰の本質と動態』谷口美智雄訳、新教出版社二〇〇〇、参照）。

第四に、「宗教的象徴は聖なるものの聖性に参与している(participation)。それらの象徴それ自体が聖なるものではない。無制約的に超越しているものは、それ自体のあらゆる象徴を超越する」（P. Tillich, Theology of Culture, p.59）。宗教的象徴は、聖なるものの聖性に参与している、だが参与は同一ではない。無制約的に超越しているものは、それ自体のあらゆる象徴を超越する。宗教的象徴は、それら象徴のすべてを超越しているものを指し示している。いわば、非連続的な指し示しである。これは象徴一般の参与という特徴に対応するが、前者の「参与」が連続的であるのに対し、ここでは非連続的である。

第五に、宗教的象徴は、「経験される現実の提供する無制限の材料（慣用的・具体的な言葉、歴史上の人物、絵画の人間の顔、神話に現れた人間の理想）から引き出される」。なぜなら、私たちが出会う世界の中のすべては究極的な存在の根底に依存しているからである。すべての現実的なものが象徴を担うものとなり得る（ibid.,p.59）。

第六に、宗教的象徴は、具象化の領域を無制約的に超えているものの具象化であり、宗教的行為において最終的に意図されているもの、無制約的に超越的なものの具象化である。宗教的象徴は、本質的にあらゆる具象性を超越しているところの、そして同様に精神的行為によっても具象性を保つことができないところの、ある対象を表現しなければならないのである。[2]

第七に、象徴そのものの絶対化——偶像化

宗教的象徴は、それら象徴のすべてを超越しているものを指し示しているという第四の特徴を受けて、それらは象徴としてその指し示すものに参与しているがゆえに、人間精神は、それらをそれらが指し示そうとしているものの代わりに据えたり、それらを絶対化する。これが起こるとその瞬間に、それらの象徴は偶像と化す（ibid.,p.60）。

（c）象徴と啓示

ティリッヒはなぜ神に対して啓示ではなく象徴的なアプローチを強調するのか、という本題に戻ろう。彼は啓示について次のように述べている。「啓示は特別の異常な仕方で、隠されているものの蔽いが取り除かれる特別、異常な顕現である。……啓示は私たちの究極的関心事の顕現である。啓示された神秘は私たちの存在の根拠であるから、私たちの究極的関心事である」[3]。

こうして神的なものへの啓示の働きを語るが、彼はこの啓示でもって神的世界を解明しようとはしない。むしろ啓示に代わって象徴を語る。ただ彼は啓示と象徴との関係をあまり述べていないが、次の論述は、なぜ彼が象徴によって神的世界を語るのかを示すものである。

「象徴は宗教の言語である。それも、宗教がそれ自体を直接的に表現しうるところの唯一の言語である。間接的ないしは反省的には、宗教はまた、神学的・哲学的な概念、および、芸術的な形象によってそれ自体を表現することができる。しかし宗教の主要な表現は象徴である」(P.Tillich,MW4, p.415)。ティリッヒは宗教的世界を表現する第一のものを象徴とする。

そうして、究極的関心事の顕現である啓示と宗教の直接的表現である象徴の関係について次のように述べる。「無制約的な意味内容が意味形態を通して発言すること」、これが啓示である。そして「啓示の内容の形態(Form)となるもの」が象徴である。「象徴的形態を通して無制約的なものが啓示される」。象徴は啓示に対してその「直観される器(形態)」としての役目をなす(P. Tillich,What is Religion?, Harper & Row,Publishers NewYork,1969,pp.105-109, 邦訳ティリッヒ『宗教哲学入門』柳生望訳、荒地出版社一九七一、参照)。つまり宗教の世界を顕現する無制約的な啓示がその意味形態という形で私たちに現れるのであるが、その際私たちが直観し得る対象、形をなすものが象徴である。

さらにティリッヒは象徴がなぜ必要なのかを神学における「言葉」の重要性から次のように語る。

「啓示は啓示の媒介である言葉なしには理解されない。神認識は象徴的な言葉の意味論的分析によらなければ記述されない。神の言葉とロゴスという象徴は、言葉の一般的性格への洞察がなければ理解されない。聖書の使信は、意味論的解釈学的原理がなければ解釈されない」。神的世界に対し、それを媒介するものとして言葉を提出し、さらにそれを象徴とみなすことによって、意味論的および解釈学的原理によるアプローチが可能になる。だが、この「言葉」のみを拡大解釈し言葉を啓示そのものとすることによって、神学者カール・バルトが陥ったようなもろもろの問題が生じると語る。(4)

バルトによって「神学全体を〈神の言〉という広義の教理に還元する試みがなされた。だがそうなると、言葉が啓示と同一視され、すべての神の自己顕現がこの広義の言葉の下に吸収されてしまう。あるいは、啓示が〈語られた言葉〉に制限され、神の言葉は象徴的にではなく文字通りに考えねばならなくなる」。その結果、「神は言葉による以外の一切の自己顕現から除外されることになる。けれども、このことは神の威力ということの意味にも、また聖書文献の内外にある宗教的象徴にも矛盾する。実はそこには聖なる現臨の体験を記すのに、聞くということと並んで見る、感じる、味わう、ということが用いられている。それゆえに神の言葉が、聞かれると同時に見られ、味われるときにのみ、言葉は一切をおおう神の自己顕現の象徴とされる」(P. Tillich, Systematic Theology I ,pp.122-123)。

ここにティリッヒは啓示の狭さに対する批判と象徴の優位性を語る。その第一は、神の言葉がバルトのように直接啓示そのものとなってしまうなら、言葉のみが神の直接的な顕現となってしまい、言葉の絶対化が生じてしまう。ティリッヒの場合は、神の言葉は神の啓示を媒介する象徴なのである。ティリッヒにとり神の言葉は直接的に啓示そのものではなくあくまでも啓示の媒介であり、啓示の意味形態である。そのことをティリッヒは象徴と呼んだのである。しかもそうすることによって啓示の直接性・一面性から解放され、象徴の示すものに対しての意味論的解釈学的なアプローチの可能性が生まれるのである。

第二に、神の言葉をこのように象徴的に捉えることによって、聞くだけではなく見る、感じる、味わうという神の言葉を体験したことについての感覚の多様性が確保される。反対にバルトのように、神の言葉を聴覚のみによる一方的な聴従とすると、そこでは神の言葉が文字通りに、何の吟味もなくストレートに受け入れられる。そうすると、その言葉の無制約的な内容を多様な表現形態においてなんとか表そうという努力が無視され、言葉の持つ豊かな内容が失われてしまう。

第三に、神を象徴するものはその言葉だけではなく、「それは一事物において、一人物において、一事件において私たちに出会う。信仰は具体的現実の一片に、すべての現実の究極の根拠と意味とを見る」(P. Tillich, Dynamics of Faith, p.58)。ティリッヒにおいて、あらゆる種類の現実が、信仰活動によって聖なるものとみなされている。彼はバルトのように特殊啓示のみを認めるのではなく、すべてのものに神のしるしをみる、いわゆる一般啓示の側に立っている。

これに対し、初期のカール・バルトにとって啓示とは「神の言葉」である。この「言葉」とは「神が人となった」ということである。バルトは語っている、「神が人となったということを、しかも神の言葉として、まさしく神の言葉そのままに語るということ、これが私たちの神学的課題である」（Karl Barth, Das Wort Gottes und die Theologie, München,1924, S.166）。神の言葉は、人となった神、イエス・キリストとして、聖書によって証しされているのである。

この「人となった神」「イエス・キリスト」が神の言葉として、「聖書によって証しされ、教会によって宣べ伝えられている」のである（K. Barth, Die Kirchliche Dogmatik I /2,Theologischer Verlag Zürich,〈1939〉1975,S.135）。こうして、バルトにとって「神の言葉」は、イエス・キリストについて教会や使徒たちによって宣教される言葉、聖書という形で記される言葉、出来事として啓示される言葉を指すものとなる。この「神の言葉」は『教会教義学 I/1』で、明確に三つの形態（Gestalt）をとるものとして述べられている（K. Barth, Die Kirchliche Dogmatik I /1, Theologischer Verlag Zürich,〈1932〉1981,S.124）。

「神の言葉として聖書は、出来事として起こった啓示について証しする。そして、神の言葉として宣教は、未来的な啓示について約束する」（ibid.,S.114）。「啓示はそれ自身、神的決断――それが、聖書と宣教を確証し、成就する神的決断――である。啓示は、それ自身神の言葉である。すなわち、聖書と宣教がそれになることによって、それであるところの神の言葉である」（ibid.,S.121）。

こうしてバルトにとって「神の言葉」は聖書と宣教と啓示という三つの形態をとるものであるが、その中心は聖書と宣教がそれによって成立するところの啓示である。そこで神の言葉は啓示を指すといってもいいであろう。では啓示について彼はどのように語っているのか。

「啓示とは聖書において、その本質上人間に覆われているものの自己開示（Selbstenthüllung）を意味する。聖書に証しされている啓示は、その本質上人間に覆われている神の啓示である。……覆われていること（Unenthüllbarkeit）、隠蔽性（Verborgenheit）は、聖書において神と名づけられているものの本質に属する。この創造者としての神は世界とは異なる。つまり、神はそのものとして、人間が被造物として直接認識しうるものの領域には属さない。神が私たちに開示された神として自ら現れないなら、神について私たちはいかなる言葉も語ることはできないし語るべきではない。人がそれを聖書の思いとして把握したとき初めて、そこで、神が自ら啓示したということ、つまり、神が私たちに具体的となった（形態）ということの聖書の言表の範囲を人が概観する」（ibid.,S.338）。

啓示は、神が自らを具体的に顕したということである。換言すれば、啓示は「神の言葉」がその形態という形で、自らを開示したのである。形態化できないもの（覆われた神）が形態化した（開示された神）のである。「神は人間に、神を開示できない人間に、自己を開示する、語ろうとする、つまり、特定の形態において示す」。だが、バルトは形態の限界を次のように語る。「形態それ自体、その手段は、神に代わることはできない。形態が啓示するのでも語るのでも慰めるのでも働くのでも助けるのでもない。そうではなくてそれをするのは、その形態の中での神である」(ibid.,S.339)。

形態は神ではない、神の言葉・啓示そのものではない。形態化を通して私たちに現れた神はその限定、制限、条件づけられたものである。それは神と同等の位置、力、権利を持つものではない。それは有限な私たちに無限な神が自らを顕すための手段にすぎないのである。啓示そのものは三つの形態という形をとり、有限な私たちにも把握可能な姿で現れるのである。

(d) 象徴の優位性

バルトにとって啓示は「神の言葉」の一形態でもあるが、同時に神の言葉の中心的なものであって、実質的に神の言葉そのものであろう。ティリッヒが語る啓示概念がその無制約的なものを直接示すものであることから、それはバルトの「神の言葉」つまり「啓示」に対応すると考えられる。そしてバルトの三つの「形態」が、その具現化・間接化ゆえにティリッヒの「象徴」に対応するものと考えられる。

神はその本質上人間に覆われている、隠されている。だが神が形態をとったということによって、私たちに隠れた神が自らを開示、啓示したということである。神は特定の形態において人間に自らを示すのである。しかし注意しなければならないことは、形態自体は神でない、形態は啓示の主体ではないということである。ただ、形態の中で、形態を通して、神が語り、慰め、働き、助けるのである。バルトのいう形態がこのような特徴を持つことから、それはティリッヒが象徴について述べたものと多分に同一の働きをなす。またティリッヒの象徴の偶像化についての否定的論述は、バルトが形態を神の言葉そのものとすることの否定に通ずるものがある。

そこで残る問題は、バルトに関するティリッヒの三つの批判が解決され得るかどうかである。第一の批判に関して、たしかにバルトは「神の言葉」・「啓示」のみを神への通路とする。しかしバルトは啓示から、その具現化として三つの形態を語るのに対し、ティリッヒにとっては、言葉は神を顕すものの一つとして啓示を媒介するものであり、啓示の意味形態である。無制約的な意味内容である啓示が意味形態をとるのが象徴であり、象徴は直観される器として啓示を媒介するものであった。そしてこの象徴は聖書において象徴的な言葉として解釈の対象となるのである。

このように両者それぞれ第一、第二とするものが多少異なるのであるが（バルトは言葉・啓示から形態へ、ティリッヒは啓示から象徴へ）、ここで先ほどあげたティリッヒの七つの宗教的象徴の特徴とバルトの形態とを対比してみると、根本的に異なるのは第二、第四、第五である。第二、第四の特徴、非本来性と超越性、つまり象徴の二重性とは象徴のはじめの言葉・意味・事物が最終的にまったく異なる超越的なものを指すことである。バルトの形態が「神の言葉」・啓示と連続的なのに対して、象徴は非連続的である。つまり、宗教的象徴は、象徴一般が示す意味を超越して、さらに宗教的な意味・聖なるものの実在を表すことへと進む。「宗教的な象徴は、それら象徴のすべてを超越しているものを指し示している」。「無制約的に超越しているものは、それ自体のあらゆる象徴を超越する」。「宗教的な諸象徴は、本質的にあらゆる具象性を超越しているところの、そして同じように精神的行為によっても具象性を保つことができないところの、ある対象を表現しなければならない」（P. Tillich, Theology of Culture, pp.59-60）。

バルトの「形態」が言葉・啓示そのもののたんなる具象化・表現、つまり連続的表出であるのに対して、ティリッヒのそれは前述したゴルゴダの十字架の場合のように、象徴の二重性、〈第一に〉あるもの（偶然的な事物、言語、人間関係など）が本来担っている意味を、〈第二に〉非本来的なものとして、つまりそれらを否定媒介として、神的世界を意味超越的に表示するものである。

宗教的象徴の第五の特徴は前述のティリッヒの第二、第三の批判に関連し、象徴の優位性を考える上で重要である。第二の批判で、バルトは神との接点に聴覚のみを重視するのに対し、ティリッヒはさらに視覚などその他の感覚をも重視する。これは第三の批判と連動し、バルトの特殊啓示とティリッヒの一般啓示の問題へと発展する。つまりティリッヒは、私たちすべての感覚能力によって体得し得るすべてのものに神のしるしを象徴として認める。これに対し、バルトは神の言葉、その三形態にのみ神のしるしを認める。「神が人間となった」ということに対しての三つの形態による表現のみがバルトの啓示の真実であり、それ以外は認めない。

「私たちは啓示された神の言葉〈キリスト〉をただ教会の宣教からとられた書物〈聖書〉から、あるいは書物に基づいた教会の宣教〈説教〉からのみ知る」(K. Barth, Die Kirchliche Dogmatik I /1,S.124)。

バルトにとって神の言葉・啓示は、ただ、聖書や説教という書かれ語られた言葉を聞くことからのみ知ることができるだけである。だがティリッヒが語るように、私たちはそよ吹く風に、小鳥のさえずりに、自然の雄大さに、ゴッホの絵や聖画に、歴史上の偉大な出来事や人物に神的なものを感じるのを否定できない。それらはたしかにバルトの言う「啓示の神的現前の力に捕えられた瞬間」の迫力には及ばないが、そこには啓示とのアナロギアがあると確信する、それらは他の方法では経験されない深みを開示するからである（ティリッヒ『芸術と建築について』前川道郎訳、教文館一九九七、三〇六頁）。

バルトにとって、それがいかに感動的なものであっても、神の言葉・啓示である神人キリストを語らないとすれば、たんなる人間世界の高貴な一面にすぎず、神の啓示とはなんの関わりもないということになろう。バルトはこのことをバルメン宣言でも明確に述べている。

「私たちがその宣教の源泉として、神のこの唯一の御言葉のほかに、またこれと並んで、さらに他の出来事や力、現象や真理を神の啓示として承認しうるとか、承認しなければならないとかいう誤った教えを私たちは退ける」。(5)

だが人間は神の似姿（imago Dei）であり、天地は神の創造物である以上、そこになんらかの神の指し示しを感じるのは被造物である私たちの自然な姿ではなかろうか。(6)

ここに私たちは、ティリッヒにとってなぜ啓示ではなく象徴なのかが語られているのをみる。バルトのように啓示によって神的世界を語ろうとすると、どうしてもキリスト教のみに限定され、さらに「神の言葉」という特殊啓示に限定されてしまう。そこで表出される三形態は、直接的連続的に啓示を示し語るのである。そこから結果するのは、それ以外のものの啓示の可能性の排除である。多様な形に現れるであろう神の示しがすべて否定され、ただ「神の言葉」・「啓示そのもの」から表出した「形態」のみが唯一の正しい基準となる。つまりバルトにとっては「形態」がすでに前者と連動したものであり、そこにはある種の連続性はあっても、それを否定超越する象徴は必要ではなかった。これに対しティリッヒにとっては、象徴ということで一般啓示、つまりこの世のあらゆるものになんらかの神の指し示しを認めるためには、第一にそれらが直接指し示す世俗的意味を認め、第二にそれを超越する神の顕現を、前者を否定媒介することで示すという二重の働きが必要であったのである。これが彼の象徴の意味である。こうして彼の象徴は、バルトの神人キリストにのみ関わる啓示だけではなく、キリスト教の枠を超えてあらゆるものに神的世界の顕現する可能性を確保したのである。

バルト的な啓示理解の立場では、キリスト教以外の諸宗教、諸文化にはいかなる位置が与えられるのであろうか。その徹底は他宗教他文化の否定につながるのではないか。この点に、すべての宗教、文化への窓を開いているティリッヒ象徴論の豊かさが認められ、他宗教他文化とキリスト教との相互理解にとってもいっそうの意義を有するものと思われる。

神への象徴的アプローチにおける、キリスト教以外の諸宗教、諸文化への広範な関わりを、晩年ティリッヒは霊性の光の下でより積極的に展開している。それが彼の神律という立場である。

（e）霊性の光に照らされて

神律 theonomy という言葉は、「霊の現臨の衝撃のもとにある文化の状態に対して用いられる。そこで働いている法 nomos は、神の霊 Spirit の次元のもとで、生の自己創造が、存在と意味において究極的なものへと向けられていることを意味する。……神律的文化は霊によって決定され、霊によって方向づけられた文化であって、霊は人間の霊性 spirit を満たすがそれを破壊しない」(STⅢ,pp.249-250)。

従来の考え方である自律と他律という二元論的対立に対して、ティリッヒは神律という独自の言葉を語る。自律とは、個人が合理的存在者として、自己自身の中に見出す理性の法則に服従することを意味する。一方、他律は理性機能の一つまたはすべての上に、他 heteros の法 nomos を賦課する。他律は理性がいかに実在を把握し形成すべきであるかを「外部から」命令する。

これに対して神律とは、他律のようにある最高の権威によって理性の上に課せられる神法の受容を意味しない。

それは「自らの深層に結合した自律的理性を意味する。神律的状況において理性は自身の構造的法則に従って、また理性自身の無尽蔵の根拠の力の中において自己を実現する。神 theos は理性の〈構造〉と〈根拠〉との両者にとっての法 nomos であるがゆえに、両者は神において統一され、その統一は神律的状況として発現する」（STⅠ, pp.83-85）。

つまり、神律の理性は神的な無尽蔵の根拠に結びついた理性であり、神の霊の衝撃の下で究極的なものに触れる理性である。理性自体が自立的に神的世界を解明するのではない。理性が神律的となって、つまり神の霊の衝撃に崩壊してしまうのではなく、それによって理性が霊的に高められるのである。

この神の霊に捕えられた世界を表現するのが象徴である。しかしその象徴は一般的な象徴ではない。象徴自体が霊性の下にあることによって新たな働きをする。つまり、「通常の象徴には解釈の余地があり、解釈は言語を主観―客観的構造へと投げ返すが、霊によって創造された象徴は、その可能性を克服し、それと共に言語の曖昧性をも克服する。ここにおいて私たちは神の言葉という用語が最終的な正当性と性格づけを受ける点に立っている。神の言葉は霊によって決定された人間の言葉である。このようなものとして、神の言葉は、キリスト教的であれ、非キリスト教的であれ、特定の啓示的出来事に拘束されていない。それは言葉の狭い意味における宗教に拘束されていない。それは特定の内容や特定の形式に結びついていない」（STⅢ,pp.253-254）。

神の霊によって決定された言葉、それは「神の言葉」である。だがそれはバルトが語る啓示のように、特定の神、特定の宗教（キリスト教）を指す限定的なものではなく、多様な究極的なもの、多様な神的なものを語り指し示すものとして、象徴によって表現される。しかし、それは象徴が持つあいまい性、さらに主観―客観構造を克服している。ここに私たちは主―客構造を超えた神との直接の関わりへの道が「高次の象徴」によって示されているのをみる。だがそれがいわゆる神秘主義的な神との同一を語るものであるかどうかは、この時点では明言できない。

「霊の現臨によって決定された言葉は、捕えがたい対象を掴もうとはしないで、果てしない inexhaustible 主観と客観との統一を象徴によって表現しようとする。象徴は、その本性上、不明確であると同時に、明確である。それは象徴をもたらす出会いの両方の側の可能性を開いたままにしておく」(STⅢ,p.254)。

この主観―客観構造を破壊しないでそれを超える神的なものとの一体化を表現する霊的象徴の働きこそ、神律における理性の働きである。つまり理性の立場にとどまりつつ主観―客観を超える「エクスタシー的理性」とティリッヒが名づけたものである(STⅠ,p.112)。

ティリッヒが、「神律は、私が〈具体的霊性の宗教〉と呼ぶものに部分的に現れている。その完成は終末論的であり、その目的は時間を越えて永遠への待望である」(MW6,p.439)と述べているように、象徴によって把握される宗教の世界は、神の霊によって象徴の諸限界が克服されると同時に高められる。そしてそれは神律つまりティリッヒの語る「霊性の宗教」において明確な姿を現すのであるが、それについては第三章で言及したい。

2　象徴と暗号――ティリッヒとヤスパース

カール・ヤスパースは自己の哲学的立場(哲学的信仰)から形而上の世界(特に超越者)を把握する手段として、いわゆる暗号論を展開する。しかし形而上の世界を捉える方法としては、伝統的に象徴(Symbol)が用いられてきた。そこで問題となるのは、なぜ象徴ではなく暗号（Chiffre）なのか。ヤスパースはこれについて明確に答えていないが、本論ではこの点を象徴について論及しているティリッヒの立場を基にしつつ、象徴と暗号との比較という観点から考察する。そうして、象徴の問題点を暗号に照らして明らかにしつつ、あるべき象徴について考えることから霊性の働きが現出してくるという点に注目したい。

（a）暗号の特徴

ヤスパースは「暗号」という言葉をどこから・どのような理由で取り出し、自己の哲学の中で使用するようになったのか。そのことについては次の研究者の指摘が参考となる。ヤスパース研究者X・ティリーテやL・エールリッヒによると、カントの『判断力批判』やシラーの哲学書簡、シェリングの著作、ホーフマンシュタール『チャンドス卿の手紙』『詩についての対話』等に使用されている暗号概念が、次第にヤスパースの中で明確な形をなしてきたものと考えられる。(7)

暗号に関する歴史的考察は前註にゆずり、さっそく「暗号」とはなにかの考察に入っていきたい。彼の著作群の中で初めて体系的な形で暗号の内容が述べられている『哲学』から、その特徴をみてみると、

「暗号は超越者の言語として、限界の存在であり、この言語において超越者は人間に近くあるが、しかし超越者そのものとしてではない。暗号としての私たちの世界はそれをあますところなく解読（lesen）させてはくれないゆえ、世界は超越者の直接の啓示ではなく、単なる言語――普遍妥当的になることはなく、ただ実存にとってのみ、その都度歴史的に聴取可能（vernehmbar）であり、そしてその時でも究極的には判読（entziffern）

はされないところの――にすぎないゆえ、超越者は隠れたものとして示現するのである。超越者は、それ自体としては近づき難いものであり、遠く隔たっている。超越者は、それの遠隔の存在からのように疎遠な力としてこの世界へ入ってきて、そして実存に話しかける。超越者は実存に近寄るが、どのみちある暗号以上のものを示すことはないのである」（K.Jaspers,PhilosophieⅢ,Metaphysik〈1932〉1973,Springer-Verlag,S.164. 鈴木三郎訳『形而上学』創文社一九七一、参照）。

以上から次の四点にその特徴がみられる。

第一に、暗号は超越者の言葉であって、決して超越者そのものではない。

第二に、私たちは実存としてのみこの超越者の暗号を聞くことはできるが、啓示のような直接的な解読・判読は困難である。

第三に、科学の記号のような一義的な普遍妥当性はない。(8)

第四に、暗号は私たちにとって隠れており、隔たっており、間接的であるが、同時にそういう形で、語り得ない限界外の世界（超越者）を限界において語る言葉である。

これらを図式化してみると、

まずキリスト教神学のとの関係では、

〈ヤスパース哲学の立場〉　超越者――（間接的な）暗号――実存

〈キリスト教神学の立場〉　神――――（直接的な）啓示――信仰

次に科学（記号）との違いをみると、

悟性（科学）のレベルでの普遍妥当性――一義性、自明性――記号

実存のレベルでの聴取可能性――多義性、隠密性――暗号

こうして、簡単ではあるがヤスパースの暗号をキリスト教の啓示信仰や科学的な記号論の立場と比べることで、暗号の独自性がおおよそ明らかになったと思われる。

以上を踏まえて、次にヤスパースの暗号と象徴との相違を考えてみる。ただヤスパースが明確に両者の違いを語り始めるのは一九六二年の『啓示に面しての哲学的信仰』からであって、それまでは彼が象徴と述べていてもその内実は暗号の場合が多々ある。よって一九六二年以前に彼自身が両者を区別する必要をはっきりと自覚していたかどうかは明らかではない。だがここでは暗号概念を明確にするために、象徴として使用しているところも内容上から一部暗号と読み直して両者を分類してみたい。

(b) 象徴と暗号

ヤスパースの暗号を語る場合、従来の象徴との違いを次の五点にまとめることができる。

①意識的な象徴と無意識的な象徴（暗号）――解釈と解読

「暗号文字 (Chifferschrift) は超越者をその顕在へともたらすが、しかしそれは解釈 (Deuten) 可能ではない。私が解釈しようとすれば、せっかく一緒にあるものを、私はわざわざ分離せねばならないだろう。一方、暗号文字の解読 (Lesen) は、明白な意識にもかかわらず、無意識的象徴性のなかに立つことである。――意識的象

徴性がその明白性を正に解釈においてはじめて得るのに対して、暗号文字の無意識的象徴性は解釈によっては全く知られない。解釈が暗号文字の中につかむものは暗号文字ではなく、象徴へと解体・変形させられたそれである。それはどこか手近かにあるものを意味づける象徴のように、明瞭化されてしまっているだろう」(K.Jaspers,Metaphysik,S.141)。

解釈する自分と解釈される対象とを分離し、そこに解釈の可能を語る意識的な象徴は、そうすることで、自分が象徴内容と全く関わりのない傍観者的存在として、それを対象化する。しかしその結果、本来の内実が失われ、自分に都合よく意味づけてしまう。

これに対して、暗号とそれを解読する自分との一体関係をヤスパースは無意識的な象徴と言う。つまり解読者自身が解読内容に全責任を持つ関係、それは自らの実存の在り方そのままが解読内容の充実となるという一体関係である (L.Ehrlich, Jaspers：Philosophy as Faith,U.of M. Press,1975,p.168)。

両者を図式化すると、

意識的な象徴――――解釈する自分と解釈される対象の分離――傍観者的存在

無意識的な象徴（暗号）――解釈する自分と暗号との一体関係――責任主体

②解釈可能 (deutbar) な象徴性と直視可能 (schaubar) な象徴性（暗号）――意識一般と実存

「解釈可能な象徴性は客観的であり、それの意味は解明されうる。――それは意識一般にとって存立する。象徴が最終的に意味するものは、ロゴスのように平面的な実在であってよい。それは一義的に限定されている。一方、直視可能な象徴性は、最終的なものを知らない。この象徴性は、それ自らの開示の内にとどまっており、同時に底知れない深さを持っており、この深みからしてあの不確定的な存在が、ただその象徴性そのものを通してのみ輝き出るのである。直視可能な象徴性は、超越者の暗号文字としてのみ在り得る。この暗号は実存にとって解読されるものであり、この実存は超越者をその暗号において知覚するのである」(K.Jaspers,Metaphysik,S.146f)。

解釈可能な象徴性は、意識一般のレベルでの象徴の意味・内容の客観的解釈とそれによる最終的な一義化にすぎない。つまりここでは、一義性、自明性、普遍妥当性という点で、すでに註（8）で述べたように、象徴は記号的性格を帯びている。

それに対して直視可能な象徴性、つまり暗号は実存のレベルで、その深い充実としての超越者の言葉を暗号として解読するのであるが、その内容は最終的でもなく確定的でもない。

解釈可能な象徴性――意識一般――象徴の客観的解釈（一義的）――記号

直視可能な象徴性――実存――未確定な解読（多義的）――暗号

③有限と無限――象徴における超越者の欠如

「ある知識を探求する解釈(Deutung)においては、有限なものが最初のものである。このものからして、無限なものを掌握するための道が、解釈の無際限性(Endlosigkeit)という形をとって空しく探求される。解釈は決して本当には起こらないで、ただ外見上起こるのである。いわゆる認識としての象徴性の解釈においては、すべてのものがただ有限的にすぎないゆえに味気無いものになる。無限なものは失われ、人は嫌々ながら無際限なものの手に落ちるのである。これに対して暗号文字の把握(Ergreifen)においては、無限なものが最初のものであり、この超越者の顕在によって、有限なものが初めて暗号文字となる」(ibid.,S.149)。

認識としての象徴性の解釈においては、無限性は実は無際限性で有限なものにすぎず、そこには象徴が指し示すはずの超越者が存在しない。

他方、暗号の把握においては無限な超越者の顕在として、有限なものが超越者の暗号として機能する。

象徴——解釈——無際限性（有限）

暗号——把握——無限な超越者

④現実性と非現実性——象徴に含まれている意味的要素の排除

「人間は超越者を象徴の中に経験する（erfahren）。それは直接的ではないが、いわば接触という媒介を通して現実的である。一方、人間は諸々の象徴を解釈する(deuten)。彼は諸々の象徴の非現実性を知り、またそれにともなってそれらの現実性を失い、また諸々の象徴を把握することにおいて完遂される自己の現実性を失うのである。それゆえに彼は諸々の象徴における豊富な可能性に関して了解し知ってはいるが、しかしそれらは彼を形成することはないし、それらは彼の魂を育みはしない。なんとなれば、いかなる超越的な現実も、象徴を通して彼に語りかけないからであって、象徴はかろうじて様々な意味(Bedeutung)にすぎないからである。そして彼にとってはこれらの意味は、精神や、魂や、未知の人間的な実在性の意味へと下降し、もはや超越的な現実性の象徴ではない」(K.Jaspers,Von der Wahrheit,Piper,München,1958,S.910)。

象徴を解明し了解することは、超越者が象徴され人間の魂を育むということではない。象徴解釈においては、人間的・文化的次元、つまりなんらかのこの世的な意味づけが傍観者的になされるにすぎない。象徴の意味化は象徴において現れるべき超越者の現実性を観念的・抽象的なもの(非現実性)にしてしまう。これに対してヤスパースの象徴つまり暗号は、経験において超越者に触れ、そのことによって経験者が人間として成長し形成されるという生ける現実、つまり実存との関係にあるということである。

象徴解釈――意味づけ――観念的・抽象的なもの(人間的・文化的次元)
暗号経験――人間形成――超越的現実性

⑤ヤスパースが初めて自分の暗号が象徴と異なることを明言したのは、一九六二年の『啓示に面しての哲学的信仰』(9)であった。ここで彼はその論点を、これまでのカッシーラーに代表される文化的象徴論から宗教的な象徴に対する批判に移している。

「象徴とは極めて直観的な他者の現前であり、そこでは意味するものと意味されるものとが不可分であり、象徴されたものはただ象徴において初めてそれ自体存在する。暗号とは象徴自身における事象(Sache)と象徴の一致によってではなく、言葉によってのみ近づき得るところの超越者の言葉である。私たちは、暗号という言葉を象徴という言葉よりも好ましく思う。暗号は言葉、聞き取られ、語りかけられ得る、現実性の言葉である。これに反し象徴とは、他者が象徴においてのみ存在し、他の方法では全く存在できない場合でも、他者の代理(Vertretung)を意味する。象徴において私たちは他者に思いを寄せるが、そうすることによって他者は対象となり、対象において現前する」(K.Jaspers,pGO.,S.157f)。

ヤスパースの暗号と宗教的象徴との違いは次の二点にあろう。

第一に、象徴が「直観的な他者の現前」であるということは、象徴において他者、つまり超越者が直観的対象としてダイレクトに具象的なものとして現前する。ここに象徴における超越者の代理的性格から、代理が超越者そのものと見なされてしまう(偶像化)という危険を象徴は孕んでいる。そしてこの象徴の中に、ヤスパースは他者(超越者)の対象化をみる。それは超越者の人格化であるが同時に一義的な固定化である。こうして宗教的象徴においても一種の偶像化が生じてしまうのである。[10]

第二に、象徴においては、「意味するものと意味されるものとが不可分」、換言すれば、象徴するものと象徴されるものが不可分と言われる。象徴されるもの(超越者)は象徴するもの(事象)において初めてそれ自体存在する。超越者は事象においてのみ自己を現す。こうして事象自体が超越者の表現形態となる。つまり事象は「他者の代理」となるということである。代理には事象自体の独自性・固有性はない。その結果、事象は超越者に飲み込まれてしまう、超越者の一部（啓示）となってしまう。これに対して暗号は、超越者の言葉であり、超越者そのものではない。言葉ということを入れることでヤスパースは暗号が媒体であることを明確に示している。ここに暗号が超越者と同一視されることから生じる偶像化を防ぐことができると同時に、超越者の言葉を聞き取り、読み解く実存主体の存在が確保されるのである。

（c）文化的象徴と宗教的象徴と暗号

以上より私たちは次の二点からヤスパースが象徴よりも暗号という言葉を選ばざるをえなかった理由を考えることができる。

第一は、①から④にみられる文化象徴論とヤスパースの暗号の違いである。

《文化的象徴》		《暗号》
意識的象徴〈解釈〉	——	無意識的象徴〈解読〉
解釈可能な象徴〈意識一般〉	——	直視可能な象徴〈実存〉
解釈の無際限性〈有限〉	——	超越者の把握〈無限性〉
象徴の解釈〈非現実性〉	——	超越者の経験〈現実性〉

文化的象徴では解釈対象が解釈され一面的に意味づけられることで、解釈対象に対して解釈者の強引な解釈、解

釈者に都合のよい意味づけがなされてしまう。象徴されるものはこの世のもの、どうにでもなるものとなってしまう。そこでは、超越者の超越性・絶対他者性、さらにその存在自体も見失われていく。よって文化的象徴の対象は本来的には有限なこの世界であって超越者ではない。[11]

第二は、⑤に述べられている宗教的象徴との違いである。神学の立場から宗教的象徴を語るP・ティリッヒは、宗教的象徴の代替不可能性、偶像化否定、超越者の究極性・無制約性[12]を述べ、この点で暗号と同様であると考えられる。だが宗教的象徴においては、象徴するものと象徴されるもの、事象と超越者が一体である。つまり事象は啓示となる。事象が超越者の代理として、超越者に呑み込まれている。ここには事象を解読する主体の存在余地はなく、ただ無条件に超越者の啓示に聞き従うだけである。ここには象徴を解読する実存が欠如している。その結果、すべてが超越者の支配となり、いわば絶対他者に対して無条件に信じるという信仰の世界となる。その極端な形がカール・バルトに代表される弁証法神学が主張した神学的世界観であり、そこには哲学の入り込む余地がないように思われる。

《宗教的象徴》	《暗号》
他者（超越者）の代理 ――	他者の言葉
事象（象徴するもの）と超越者（象徴されるもの）の一体化 ――	事象と超越者との分離
事象の啓示化 ――	超越者の言葉という媒介
信仰において聞き従う ――	実存において解読

たとえば、ティリッヒは次のように語る。

「宗教的諸象徴は、具体的対象の上にも精神的な意味の上にも基礎を置かない。宗教的に言えば、宗教的諸象徴は信仰の対象である」（ティリッヒ著作集第四巻『絶対者の問い』野呂芳男訳、白水社一九七九、二七九頁）。

この立場をさらに徹底したのが宗教哲学者波多野精一の象徴に関する一文である。

「人間的主体は何ものも残すことなく一切の存在を提げ、全き自己と自己実現とを捧げて、徹頭徹尾他者の象徴となる、否、ならしめられる」（波多野精一『時と永遠』岩波書店一九四三、一六七頁）。

ここでは超越者が象徴事象そのものをすべて呑み込み、事象自体が超越者の啓示となってしまっている。よって事象自体が超越者の現われとみなされる。しかし超越者の言葉を無条件に唯一の正しい啓示と信じ聞き従うことが哲学するうえで誠実な態度であろうか。前述したように、そこにはこちら側から超越者に近づく可能性が全く無いことを意味しよう。それは神学の立場ではあっても哲学の立場ではない。

そこでヤスパースは暗号という概念を提出し、あくまでも哲学の立場から超越者に近づき得る可能性を語る。それは実存を介して初めて暗号が解読され超越者が現われるという構造である。

「暗号は認識できないし、普遍妥当的経験と検証可能性を免れる。暗号の真理は、実存との関連においてある。超越者から実存への引力が、暗号において言葉となる。……実存としての私たちは、私たちが暗号と称する諸対象において、超越者へと思いを馳せ、超越者の言葉に耳を傾けるのである」（K.Jaspers,pGO.,S.153）。

暗号はキリスト教神学の啓示概念のように無条件に絶対者なる神に聞き従うものではなく、あくまでも実存の立場から超越者に耳を傾け、そこに現れたものを読み解く超越者の言葉である。

（d）象徴と暗号と霊性

ヤスパースの暗号論に対して、一方においてカッシーラーに代表される文化的象徴論、その悟性的解釈、それは解釈する自分と解釈される対象とを分離し、対象を客観的に解釈しようとするものである。だがそこから結果したものは、解釈者の手段と化した内容、実質を伴わない空しいこの世の偶像であった。そこに現れた象徴は平面的で有限ないわば記号化した象徴であった。他方、神学者ティリッヒの語る宗教的象徴論、そこでは象徴するもの（事象）と象徴されるもの（超越者）が一体となることで、すべてが超越者に取り込まれ、象徴が啓示化してしまう。その結果、解読する人間の独自性を全く認めない信仰一元主義となってしまうという傾向が生まれるのである。

これらを克服するため、前者に対しては、超越者の超越性・絶対性を確保するには、自明化しやすい象徴ではなく多義的で隠れたものである暗号が必要であった。この暗号の言葉を実存主体が自らのすべてを賭けて解読する。そうすることによって初めて超越者の姿が間接的に把握されるのである。後者に対しては、象徴するものと象徴されるものとを分離することにより、その分離において解読者の働きを確保し、解読者である実存から、つまり、哲学の立場から超越者に関わり超越者を把握しようとするのである。そのために超越者そのものではなく超越者の言葉（暗号）、つまりある種の距離・間接性を超越者と実存主体との間に置くことで哲学の立場を確保したのである。それゆえに、ヤスパースは哲学から超越者を問題とする場合、象徴が抱える対象の平面化・有限化・偶像化・固定化を克服するために、暗号という新たな概念を提唱したのではないかと思われる。

ところで、ティリッヒの象徴論に対するヤスパースの批判は、主に象徴事象に対する解釈（解読）主体の欠如ということであった。

ティリッヒの象徴論では、事象を解読する主体の存在余地はなく、ただ無条件に超越者の啓示に聞き従うだけである。ここには象徴を解読する実存が欠如している。その結果、すべてが超越者の支配となり、いわば絶対他者に対して無条件に信じるという他律的な信仰のみの世界となる。そこでは象徴するもの（事象）と象徴されるもの（超越者）が一体となることで、すべてが超越者に取り込まれ、象徴が啓示化してしまった。そこから結果するのは、象徴事象＝啓示、しかも啓示の絶対化である。

ここでは前節で述べたバルトの啓示の絶対化に対する批判が、ティリッヒの象徴論にも当てはまるように思われる。しかしすでに述べたように、ティリッヒの象徴論は、解釈主体が全く消失し働かないということではなく、象徴内容をいかに解釈するかという点でその主体がまだ残っているのである。ただそれが不徹底・曖昧であることが問題であったがゆえに、霊性によってこの象徴的働きが高められ神律的に働くことで、十全にその機能を果たすのである。つまり、ティリッヒは象徴でもって象徴が抱える諸問題を解決するというよりも、それらを霊性をもって克服しようとしたのである。

霊性には、人間の霊性と神の霊いわゆる聖霊とがある（STIII,p.111）。両者の関係については第二章第三節で述べるが、前者は後者を感知し受け取り、それに向かって自己を導き高める能力である。だが霊性は精神の諸能力のように、象徴事象を解釈する能力ではない。それは諸能力の背後にあり、それらを支え、それらが真の能力を発揮するための根源的な生命力である。両者の関係は神の霊が人間の霊性に入ること（霊の現臨）で、私たちは神の霊の内実の探求に関わることができる。それは信仰、アガペー・愛という形を成すものであろう（STⅢ,p.117,135）。詳細は同第三節2「霊の現臨の具体化」で述べるが、私たちは、神への信仰、神の愛において、神がなんであるかに迫ることができる。つまり私たちの霊性をその手掛りとして象徴的に神の霊の内実を考えることができるのである。

すなわち、信仰とは神の霊が私たちの霊性に入ることにより、後者が前者に捕われた状態である。補われたものとしての私たちは、その捕われにおいて捕える主体（神）に霊性的レベルにおいて関わることができるのである。アガペーにおいては、神の霊の衝撃によって私たちの内に神の愛が創られる。それは私たちの生を愛の生き方へと変革する力であり、この愛の生き方を通して私たちの霊性は神の愛に、そして神の世界に象徴的に迫ることができると考えられる。

ここにはたんなる啓示の一元化、啓示への無条件の服従はなく、神の霊を捉える人間の霊性という存在がある。だがそれは実存主体のような自律的能力ではない。人間の霊性が神の霊により覚醒されることによって初めて働き出すということであるゆえ、それはいわゆる神律的なあり方と考えられる。人間の霊性は自律でも他律でもなく神律的に働くのである。

ヤスパースの暗号の立場に照らして浮かび上がってきた象徴の問題、つまり象徴事象に対する解釈主体の欠如ということが、霊性というものの存在によってある意味で解決されたわけである。霊によって創造された象徴は象徴自体の諸限界を克服し、いわば霊的象徴として神的世界解明へと働くのである。人間の霊性は実存主体のように解釈・解読する自律的主体ではないが、霊の現臨によって私たちの霊性が覚醒され、神の霊に支えられることで神律的なあり方をなす。私たちの霊性は神の働きを感受し、それに対し信仰としての形、愛としての形をとることによって私たちに救いへの参与となるのである。

次にこの神の霊を自らの内に十全に体得し、歴史の世界で実現していったイエスを、象徴と霊性それぞれの立場から考察してみたい。

第二節　キリスト論

第一章で述べたように、霊性の働き、それは人間における知性や精神、宗教的な能力等、人間の生の中心的働きをなす各種の能力すべてを含み、かつその根源にあって、それらに活力を与える生きる力であった。一方、神の霊、聖霊は私たちすべての中に侵入するが、私たちの霊性を追い出すのではなく、私たちの中に入り来て、私たちの霊性の存在を保持しながら神と結びつけるものであり、私たちの霊性を高め神との一体化へと促すものであった。いわゆるエクスタシーである。また分裂状態にある私たちの諸状態を統合させることによって心身の病を癒す力となるものである。この神の霊が私たちに端的に現れる姿は思想史的には神秘主義である。しかしティリッヒによると、その行き着く境地は、東洋的な無我の世界ではなく神との人格的な交わりを踏まえた一体化であり、有限なるものの中における無限なるもの経験である。換言すれば神の霊が私たちに内在することである。その内在の全き状態にあるのがキリストとしてのイエスである。キリストとは徹頭徹尾、神の霊に満たされ生きた存在であると言われる。

ところでティリッヒはイエス論をすでに『組織神学』第二巻において詳述している。その主要な点は、象徴的イエス論、つまり、イエスを実存的疎外を引き受ける存在、そして同時に神との一体化にあることで疎外を克服した「新しき存在」キリストであるという点を象徴的立場から論述していることである。そこで本論の主題である『組織神学』第三巻の霊性的イエス論を明確にするために、まずこの象徴的イエス論から考えてみたい。

1　象徴的イエス論

(a)　イエスはキリスト

ティリッヒにとり、キリスト教が成立するために第一に重要なことは、「キリストと呼ばれたナザレのイエスが現実にキリストであること、すなわち、彼が事物の新しい状態〈新しき存在〉をもたらす人であることを主張する」、ということである。イエスがキリストであるとの主張が維持されるところに、キリスト教使信がある（Paul Tillich, Systematic Theology II ,The University of Chicago Press,1957 ,p.97）。

つまりキリスト教は、ナザレの人間イエスを神の救いを確立するために、神より送られた「救い主」キリストと主張する弟子たちによる証言（マルコ８：29）に基づくのである。そしてティリッヒにとりキリストとは「新しき存在」をもたらした人であり、このことがキリスト教の核心である。こうして彼は従来の固有名詞のイエス・キリストという表現は「キリスト（救い主）としてのイエス」と理解・表現されなければならないとする。

第二に重要なことは、イエスが「実存的疎外の克服者であると同時に実存的疎外とその自己破壊的諸結果に自ら関与し、死ななければならないというパラドックスである」（ibid.,p.98.）。

〈キリストとしてのイエス〉とはなんであるか。それをティリッヒは、歴史的事実であるとともに、また信仰的受容の対象であるとする（ibid.,p.98)。つまり、「もし神学がナザレのイエスなる名称が支持する事実を無視するならば、神学はキリスト教の基礎的主張――すなわち本質的神人性が実存の中に現れ、実存的諸制約に征服されることなしにそれに己を従わせたとの主張――を無視することになる。実存的疎外が克服された人格的生活がなかったならば、〈新しき存在〉は単なる要求であり期待であるにとどまり、時間的空間的現実ではなくなる」（ibid.,p.98)。

他面、〈キリストとしてのイエス〉の「信仰的受容もまた等しく強調されなければならない。この受容がないならば、キリストは時間空間における〈新しき存在〉の発現、すなわちキリストではないことになる。もしイエスが彼の弟子達の上に、また弟子達を通して次の世代の上に、彼自身をキリストとして刻印しなかったならば、ナザレのイエスと呼ばれた人間はおそらく歴史的宗教的重要人物として記憶にとどめられただけのことになろう。――彼は〈新しき存在〉を期待した一預言者ではありえたであろうが、〈新しき存在〉自体の最終的発現ではありえなかったであろう」（ibid.,p.99)。

ティリッヒは、この受容的側面と事実的側面の統一をイエス解釈の基盤とする。つまり事実的側面を導入することで、実存的疎外の克服者として歴史に現れた「新しき存在」を確保し、同時に受容的側面を導入することで、キリストとしての「新しき存在」がたんなる期待願望を超えてその最終的発現が確保されたとする。

（b）組織神学の象徴性

ティリッヒ神学の主要な特徴は、彼の神学の方法論に象徴的解釈を導入したことである。「組織神学は象徴解釈の仕事を避けることはできない。というのは、神学がキリストの使信の概念的理解を試みたのは、初めからそれらの象徴の助けによったからである」。事実、新約聖書で用いられているキリスト論的象徴は、「ダビデの子、人の子、メシア、神の子、ロゴス」などの象徴的表現である（ibid.,p.108）。ティリッヒの象徴論については前節で述べたが、『組織神学』では特に象徴解釈の四つの発展的段階が語られている。

第一に、それら諸象徴はそれ自身の宗教的文化と言語の中で発生・成長したものである。

第二は、それら諸象徴が人々によって使用され、人々の自己解釈の表現として、また人々の実存的苦境における問いへの答えとして生きて働くようになる。

第三は、それら諸象徴は、それがキリスト教の基礎をなす事件の解釈に用いられる際、その意味に変化を受ける。

第四に、それら諸象徴が神学的直解主義・超自然主義に支えられた通俗的迷信によって歪曲される（ibid.,p.109）。

ティリッヒはこの四つの段階へと展開する象徴論の具体的事例をいくつか紹介しているが、ここでは「メシア」ないし「キリスト」について述べてみたい。

第一段は、「メシア」思想はそれをセム的世界とエジプト世界の社会的・政治的制度からその象徴的材料を受け継いでいる。つまりメシアすなわち「油注がれたもの」は王、敵を征服し平和と正義を樹立する王である（ibid.,p.88）。聖書宗教では「ヤハウェがイスラエルに、またイスラエルを通して全世界に彼の国を建てるための歴史的・超歴史的人物を指す。預言者の時代にはメシアの歴史的側面の強調が圧倒的であり、黙示文学時代にはその超歴史的要素が決定的である」。メシアはそれぞれの時代にその要求に応じて象徴的に語られてきた。

第二段は、「実存における人間の苦境（predicament）の経験である。現実の世は、個人・社会・自然を含むその全体において倒錯している。宇宙における新しい世・すべてのものの新しい状態が憧れ求められる。神の力をもってそれをもたらすものがメシアである」。ここではメシアが苦難・苦悩からの解放者であるという面が現れてくる。

第三段は、「キリスト教によるこれら一連の象徴の受容および変革である。新しい世をもたらすはずのメシアが旧い世の勢力に打ち負かされる。メシアの十字架上の敗北はメシア象徴の最も根本的な変革であり、そのためにそれを理由としてユダヤ教は今日に至るまでイエスのメシア性を否定している。敗北したメシアは、まったくメシアではない」。しかしこのパラドックスをキリスト教が承認し受容するところに、メシアの働きの最深の次元が示されている。

第四段は、このメシア的パラドックスの直解主義的歪曲である。それは「〈キリスト〉の称号が固有名詞の一部になり、職能の象徴的表現でなくなることから始まる。〈キリスト〉は自ら進んで犠牲となることによって、神をして神を信じる人々を救うことを得させる超自然力を持つ個人となる」(ibid.,pp.110-111)。ここでは改変されたメシア象徴の持つパラドックスが直解主義的合理主義的な象徴解釈により消失してしまう、というのがティリッヒの主張である。

メシアの象徴解釈の中心は第二と第三であろう。第二においては人間の実存的有限性から生じる苦悩、そして世界全体の倒錯をしっかりと見つめること、そうしてそれからの解放者としてのメシアである。だがこの人間の苦の分析は哲学的解釈として一般的なものであり、またこのメシアはユダヤ教に限らず古代宗教世界にしばしばみられる特徴である。これに対し第三の解釈において初めてキリスト教の独自性が現れる。それは同時にティリッヒの象徴解釈の中心テーマ、勝利と敗北のメシアというキリスト教パラドックスがここで解明されている。この点についてのさらなる展開は(ｄ)で述べるとして、次に彼がキリスト論との関連で語っている〈新しき存在〉についてみてみたい。

（c）新しき存在

これまでしばしばティリッヒの論述に出てきた〈新しき存在〉とはどのようなものか。

第一に、〈新しき存在（New Being）〉は「有限性の限界内で人間的苦境克服のためさまざまに現れる神的力である」。〈新しき存在〉は「歴史の目的ではなくして、それは神々の顕現、禁欲行者・予見者たちの霊的影響力、神的受肉、神託、霊的高揚となって現れる。それらの神的発現は各個人に受け取られ弟子たちに伝授される」。

第二に、〈新しき存在〉は「実存の諸制約下における本質的存在、本質と実存との分裂が克服されている存在である」。〈新しき存在〉は、「律法の下にある状況――これが古い状況である――の克服である限りにおいて新しい。〈新しき存在〉のあるところには、命令も審判もない」。

第三に、〈新しき存在〉は「人格的生として現れ、人類にとっては他のいかなる仕方で現れることもできない」（ibid.,pp.119-120）。「キリストとは〈新しき存在〉の最終的発現の担い手に対してキリスト教が当てはめた名称である」（ibid.,p.88）。

こうしてティリッヒによって新たに導入された概念「新しき存在」は、有限なこの世界における神的力の発現として語られている。それは有限な世界を通して現れた、有限となった神的なものの現出なのである。有限な世界における神的存在・本質存在の全き現出なのである。それを彼は「新しき存在」と語った。

まず〈新しき存在〉は、人間実存において歴史上さまざまな形で現れる神的力である。そして、実存的疎外状況（本質と実存の分裂）を克服する神的力である。さらに、それは具体的（形象化）に人格的存在として、キリストにおいて最も本質的に現れたとする。この存在論的なキリスト解釈によって、イエスの言葉を彼の存在から切り離す合理主義的分離も、彼の行為を存在から切り離す敬虔主義的分離も、彼の苦難を存在から切り離す正統主義的分離も拒絶せねばならない。またイエスの内的生を問題にするヘルマンのような神学も心理主義的であり、妥当しない（清水正「ティリッヒのキリスト論における神存在の概念とその問題点」『パウル・ティリッヒ研究』組織神学研究所編、一九九九、一二五頁）。

次のティリッヒの論述は、〈新しき存在〉がキリストとしてのイエスという形象をとることで、現実を変革する力・歴史を動かす力となることを語っている。

「キリストと呼ばれる〈新しき存在〉は、もし彼の本性の具体的諸特徴がすべて疑わしいのであるならば、どうして現実を改変することができるであろうか。〈新しき存在〉に具体性がなければ、それの新しさは空虚である。〈新しき存在〉が共同体を創造し維持した力は、〈新しき存在〉の出現に関する抽象的発現ではなく、それが出現している彼の形象である。〈新しき存在〉が人々を改変する力を持つのはまさにこの形象によることは確言できる」(Paul Tillich, STII, p.114)。

ここに両者の間にはアナロギア関係がみられる。「これは似姿のアナロギア（analogia imaginis）、すなわち形象（picture）と、その形象を生み出した実在する人格的生との間にアナロギアがあることを意味する。〈新しき存在〉の持つ改変力を媒介するものはこの形象であったし、今もなおそうである。ここに示された似姿のアナロギアは、存在のアナロギア（analogia entis）に比せられる。私たちが神について語る象徴的材料は、神の自己顕現の表現であり、聖書におけるキリストの形象として私たちに与えられる媒介的材料は、最初の目撃者たちの〈新しき存在〉の受容とそれの改変力の結果である」(ibid., p.114)。

存在のアナロギアにおいて創造者なる神によって被造物としての人間が作られ、そのかぎりで後者が前者に関係し、前者の何かを示しているように、似姿のアナロギアにおいては、人格的生、〈新しき存在〉の全き現実化としての人格的生により形象が生み出される。〈新しき存在〉は「人格的生として現れ、人類にとっては他のいかなる仕方で現れることもできない。というのは、存在の諸可能性が人格的生においてのみ完全に現実化するからである」(ibid.,p.120)。形象は教会と信徒とを創造した。この形象の創造力は、〈新しき存在〉の力がそこで表現されているからである。〈新しき存在〉は形象という象徴的材料、媒介材料によってそれがいかなるものであるかが示される。つまり〈キリストとしてのイエス〉という形象において〈新しき存在〉が示される。

(d)〈キリストとしてのイエス〉における〈新しき存在〉の働き

こうして、「〈キリストとしてのイエス〉は彼の存在全体において〈新しき存在〉の担い手である」。彼をキリストたらしめるものは、彼の〈新しき存在〉である。というのは、彼の存在が本質的存在と実存的存在との分裂を超える〈新しき存在〉の性質を持っているからである(ibid.,p.121)。〈新しき存在〉は、「それがキリストしてのイエスに適応される場合、彼における実存的疎外を克服する力、あるいは、疎外の力に抵抗する力を指す」ものとして、ティリッヒにより位置づけられている(ibid.,p.125)。

ここからティリッヒは、〈新しき存在〉の全き体現者〈キリストとしてのイエス〉に対して、その独自な象徴的解釈を述べている。

①疎外とその克服

〈キリストとしてのイエス〉の「聖書的形象は、〈新しき存在〉の担い手としての彼の性格、すなわち神と人の本質的一体性と人間の実存的疎外性との葛藤が克服された人としての彼の性格を証している。〈キリストとしてのイエス〉のこの形象は人間の実存的苦境の分析において詳述された疎外の特徴の正反対である。彼にはすべての人と同じように有限的自由がある。もしそうでなかったら、彼は人類と等しくはなく、キリストであることができないであろう。神のみが自由と運命を超えている。神においてのみ自由と運命、およびその他の両極性の緊張が永遠に克服されている。イエスにおいてはそれらの緊張が現実である」(ibid.,pp.125-127)。

よってイエスの「無罪性」という言葉は、実存的疎外を克服した彼に関する聖書的形象の合理化である。このことは象徴的発現から合理的発現への転落である。むしろここでは罪として表現されているキリストの自由と運命そして疎外がしっかりと受け止められ、彼においてそれらとの全面的な対決を通してキリストの全き人間としての面が象徴的に表現されているのである。

②キリストの有限性

キリストにおける誘惑の重大性は、彼が有限的自由であるとの事実に基づく。「〈キリストとしてのイエス〉の聖書的形象が、いかに彼の有限性を強調しているかは注意を要する。有限的存在者としての彼は、それ自身によってあるのではなく、実存に投入されてあるすべてのものの偶然性に従属している。彼は死ななければならず、またそのことに不安を感じる。そこでは、存在に対する非存在の勝利の脅威を経験する。彼は自らの根ざすべき特定の場所の欠如を経験する。彼は身体的に、社会的に、また精神的に不安定であり、窮乏に服し、国民から追われる。彼の有限性は彼の孤独に現れている。これらすべてのことは〈キリストとしてのイエス〉の有限性に属し、彼の形象全体の中にその位置を占めている」。

この要素は、暗に全知・全能・遍在・永遠をイエスに帰す人々に対しては強調されなければならない。そういう人々は「彼の有限性の重大性また実存への彼の関与の現実性」を奪ってしまうことになる（ibid.,pp.131-132）。イエスの十字架上での死を前にしてのもろもろの不安、葛藤、孤独がイエスの有限性として表現されている。この有限性こそキリストの歴史的現実、その実存的深みを持つ全人的姿を象徴的に表しているのである。

③神との不動の一体性

だがこれらの有限性が神との一体性の中で克服される。つまり、「キリストの存在である〈新しき存在〉における実存的疎外の克服は、有限性と不安、両義性と悲劇性を除去しない。それは実存のもろもろの否定性を神との不動の一体性の中に引きとる性格を持つ。彼の不安はむしろ増大する。しかしイエスはそれを超越的場所への関与の力の中に受容する。これは現実にはなんら場所ではなく、すべての場所・すべての瞬間の永遠的根拠である。イエスは誘惑を受けず、葛藤もなく、生の悲劇性もない神的・人的自動機械の形象ではない」のである。(ibid.,pp.134-135)。

ティリッヒにとって神とイエスとの一体性は、イエスが実存の各否定性を排除しないで受容することを意味する。有限性等もろもろの否定性は、イエスと無関係にそこから排除されるのではなく、その一体性の中に含まれつつ、超越されるのである。いわゆるイエスのパラドックスというのが、〈キリストとしてのイエス〉の聖書的形象に現れた〈新しき存在〉である。私たちは、イエスがその誘惑、葛藤、悲劇性をすべて、永遠なる根拠としての神との一体化の中で対応し、昇華していくのをみるのである。このイエスの神信仰の象徴的な姿こそ、私たちをして神との一体化による救いの確信へと向かわせるものなのである。

ティリッヒのイエス論、それは象徴の四段階の方法論のうちの、主に第二、第三のレベルでイエスを捉えたものである。つまり、それは徹頭徹尾イエスを実存的疎外の真只中にある人間として、また同時に神との一体化の中にある神的存在として捉えた象徴的解釈である。イエスが人間としての苦悩を徹底して甘受しそれに身を委ねたこと、そしてまたメシアとして私たちにその苦悩からの解放の姿を示したこと、これこそイエスが私たちと同じ人間として苦悩し、また同時に神との一体化にあるものとしての救いと希望の具現体、「新しき存在」の発現であることを示すものである。

ただ象徴的解釈は象徴が持つ性格ゆえに、その限界も浮上する。象徴の解釈主体である私たち有限な存在との関係で象徴的に解釈された結果、解釈主体側に解釈内容が引きずられてしまったということである。つまり、それは実存の深みからの解釈であっても、一人ひとりの真の苦悩解決のための解釈という点に力点がおかれるあまり、実存としてのイエス、有限なイエスが過度に前面に出てしまっているということである。前述したティリッヒの、「通常の象徴には解釈の余地があり、解釈は言語を主観―客観構造へと投げ返す」という言葉にもそれはみられよう。ここにイエス解釈がさらに一歩を進めて、個々人への霊性の働きにその十全な救いをみる新たなキリスト論、象徴を象徴たらしめている、その根源にある霊性の働きからメシア的性格を中心としたイエスを考える、いわゆる霊性的アプローチに進まねばならない理由がある。

2　霊性キリスト論

『組織神学』第3巻でティリッヒは主にイエス論を神と一体となったキリスト、神の霊に満たされた存在としてのイエスを語る。つまり「新しき存在」を霊性から基礎づけている。それは徹頭徹尾、霊性の働きからキリストを解釈したもの、いわゆる霊性キリスト論である。(13)ではティリッヒの解釈をみてみよう。

（a）神の子イエス

「神の霊はキリストとしてのイエスにおいてストレートに現臨した」。彼において、新しき存在が、過去と未来におけるあらゆる霊的経験の規準として現れた。彼の人間としての霊性は、個人的・社会的諸条件に制約されたけれども、霊の現臨によって全く捕えられていた entirely grasped。彼の霊性は神の霊に憑かれていた possessed。つまり、「神が彼のうちに存した」God was in him。このことが彼をキリストとした。彼は歴史上人類に対する新しき存在の決定的具現であった。神と一つになったイエス、つまりキリスト（STⅢ,p.144）。

こうして霊的に捕えられたあり方として、

イエスへの神の霊のストレートな現臨
イエスを通しての新しき存在の出現
神の霊に全く捕えられた存在としてのイエス
神と一つになったイエス

というのがその特徴である。

ティリッヒによれば、イエスの全生涯は神の霊に導かれて始まり、活動し、終わったとする。「共観福音書は、初期のキリスト教的伝承が霊性的キリスト論によって決定されていたことを示している。この伝承によれば、イエスはバプテスマの瞬間に霊性によって捕えられた。この出来事が彼を選ばれた〈神の子〉として確証した」。ティリッヒが語るように、このバプテスマの瞬間、イエスは自らの使命、神の霊による導きと使命とを初めて自覚したのである。

このエクスタシー的経験は福音書物語の中にしばしば現れる。それらの物語は霊の現臨がイエスを沙漠に追いやり、誘惑の幻想的な経験に導き、人々や事件について預言する力を与え、彼を魔神的諸力の征服者となし、心身を癒す霊的治療者とした。霊は山上の変貌のエクスタシー的経験の背後にあった力であり、また霊は行動し、受難するに相応しい時、すなわち、カイロスについての確信を彼に与えた（STⅢ,p.144）。

さらに共観福音書には、イエスをキリストとするのは、ナザレのイエスとしての人間の霊性ではない。彼の個人的霊性を捕え、駆り立てるのは、神の霊の現臨であり、彼の内に存する神であるということが示されている。ティリッヒは、パウロの言葉にある霊の働きを述べた部分をその論拠とする。「私たちはキリストを彼の歴史的実存・肉によって知るまい。生きて現臨する霊としてのみ知ろう」（Ⅱコリ５：16）。霊性キリスト論は、イエスをキリストとした神の霊は、イエスの出現の前後における啓示史と救済史の全体に、創造的に現臨する。

「歴史における霊の現臨は、本質的に、キリストとしてのイエスにおける霊の現臨と同じものである。どこで起ころうと自己を顕示する神は、キリストの中に決定的に decisively、究極的に ultimately 現れた神と同じ神である。それゆえ、どこで起ころうと自己を顕示する神は、キリストの前であろうと後であろうと、歴史の中心との出会いと一致していなければならない」（STⅢ,p.147）。神の霊の現臨はいつでもどこでも起こる出来事であるが、それが決定的、究極的であるという点にイエスのキリストとしての独自性がある。

(b) 神の子の普遍性

イエスは霊に全く満たされることによってキリストとなった。そこで問題となるのは、「イエスをキリストとした霊は、霊の現臨によって捕えられたすべての人において働いていたし、今も働いている」(STⅢ,p.147) ということである。つまり霊の現臨は神の摂理により誰にでもいつでも起こりうることであった。ただイエスにおいてそれが決定的に、究極的に現れたがゆえに、それが彼をメシアとしたというのがティリッヒの解釈である。

さらに「キリストとしてのイエスは、歴史の中に見られるさまざまな霊の開示がおりなすアーチの要石である」。霊の働き、それはイエスをキリストとした。イエスの出来事は霊の諸々の働きの要石、その不動の規準である。それゆえ、「歴史における霊の現臨は、本質的に、キリストとしてのイエスにおける霊の現臨と同じものである」というティリッヒの言葉は、霊の普遍的な働きを語っているのであるが、一方キリストは神が示したその規準、しかもそれなしには他が成立しない要石として不可欠の規準なのである、という点に私たちとキリストとの大きな違いも指摘できる。

ここでティリッヒは明言していないが、「キリストとしてのイエスの霊」とキリストが彼らに現れた後に「霊の現臨によって捕えられた人々の間に働いていた霊」とを同じものとみなすことによって、霊の普遍性が可能となろう。このキリストと私たちの相違を重視しない霊性キリスト論の主張 (霊の普遍的な働き) はやがて、いわゆる「経験の神学」[14]のように、行き着くところまで行けば、イエスのキリストとしての性格、つまりその神的人格性を破壊するであろうとティリッヒは指摘するが (STⅢ, p.148)、彼はその成り行きについて否定的でない。

(c) 神の子としての人間

さらに一歩を進めて、神の霊によって人間は「神の子」となる、ということを前面に押し出したのが使徒パウロである。

「神の霊があなた方に宿っているかぎり、あなた方は肉ではなく霊の支配下にいます」(ローマ人への手紙8：9)
「神の霊によって導かれるものはみな神の子なのです」(ローマ人への手紙8：14)
「あなた方の体は神からいただいた聖霊が宿っている神殿」(コリント人への第一の手紙6：19)

私たちの内に宿る神の霊によって私たちは神の子であることが証されるのである。私たちは神の霊が宿る場所、神殿である。つまり私たちを通して霊が働くのである。[15] よって私たちは神の子であり、「神の相続人、しかもキリストと共同の相続人」である(ローマ人への手紙8：17)。「主に結びつくものは主と一つの霊となる」。「二人は一体となる」(コリント人への第一の手紙6：16－17)。

パウロによれば、第一に、私たちは神の霊にあることによりキリストと結ばれ、キリストと一体となるのである。こうして私たちも神の霊を受けることによりキリストと同様に神の子、神の相続人となる。そうすることで霊においてキリストと一つとなり、運命を共にする存在となる。[16]

そして第二に、神の霊が私たちの霊性に入り込むことにより、私たちの霊性が覚醒されることから、人間の霊性には神の霊を感知する能力が与えられる。そうして神の人格的存在を感じることから、神への信仰が生まれる。同時に神の愛を自らの内に感じることから神への愛、人々への愛が生じるのである。そして最終的に、神に導かれ、神の霊と一体となることにより、私たちは神の霊を宿す神殿、あるいは神の子、神の相続人となるのである。

このキリストとの一体化、神の子となるということは、いわゆる「経験の神学」の主張やパウロの神秘主義的立場に近いものであろう。この立場をティリッヒが明確に語っているわけではないが、彼のいわゆる「神の霊」の普遍的な働きを強調することによって、前述のパウロ神学の二つの結果と同一線上にあることは確かであろう。

そこから、私たちが神の霊に満たされることにより、私たちの霊性が高まりイエスとの同質性を結果するとするなら、そこに新しい神学の可能性が考えられてくる。

神の霊による私たちの霊性の覚醒、それはイエスが体験したような神の霊に全く満たされ、神の霊と全く一つとなったあり方なのか。あるいは私たちの霊性が神の霊まで高まるということか。前者であるとすれば、それは私たちとキリストとの同等性を語るものとなり、後者であれば、神の霊に促されて私たちが人間として可能なかぎり高まり、いわゆる聖人の境地に達するということであろう。

ティリッヒの論述からはどちらの解釈も可能であるが、前者を主張すると、キリストとしてのイエスの独自性が失われてしまう。つまりキリストの神聖性等、これまでのキリスト教の中心思想がその根拠を失い、これらをどのように扱ってよいかが問題となろう。これに対し後者では、私たちは制限された中での神の子であり、神と同格のキリストとは異なり、要石としてのキリストの存在を通して成立するものとして、どこまでも人間にとどまる。よってここでいわれている神・キリストと私たちとの一体化は、神秘主義における有限のレベルでのそれであると考えられる。

つまり、神の霊がイエスに働くと同時に私たちにも働くとすると、両者には質的違いはなく、ただ霊性の量的差のみとなる。結果的に、霊の現臨におけるイエスのキリストとしての一回性、イエスの神の子メシアとしての特別な使命、三位一体としてのキリストの神格性、受肉―キリスト論、これらがこれまで保持していた権威は薄れていくであろう。またこの霊の現臨のいつでもどこでも誰にでも働くという思想は、特殊啓示のみを認める「神の言葉の神学」からその説得力を奪い、霊的な恵みは教会法が定めたサクラメントに限るというローマ・カトリック教会の解釈を古色蒼然としたものにするであろう。

この問題に関してはイエス論のみで解決できるものではなく、さらに次の霊性の普遍性およびそれを認めることで生じる新たな神学の可能性の問題へと発展するものと考える。

第三節　神の霊と人間の霊性

1　霊　性

神の霊と人間の霊性との関係はどうであろうか。[17] 人間の内にある神の霊をティリッヒは「内なる言葉」という。それは「神が個人の魂の深奥において語りかける」ことであり、「啓示の媒介としての言葉を否定」することである(STⅠ,p.125)。歴史上、それらは13世紀フランチェスコ会の神学者の言う「人間精神における真理の諸原理の神的性格」、14世紀ドイツ神秘家の「魂におけるロゴスの現在」、預言者たちの「ヤーウェの声」、道徳的な「良心の声」、などとその思想的背景により多様に表現されたものである。

これらは神の霊からの人間の霊性への働きかけの形である。それでは人間の霊性とはどのような能力・特徴を持つものなのであろうか。

ティリッヒは人間の霊性と神の霊との関係を次のように述べている。

「人間は自己を人間として自覚するとき、その本性において、霊性の次元によって決定されている存在であることを意識する。この直接的経験は象徴的に霊としての神について、また神の霊について(人間が)語ることを可能とする」(STⅢ,p.111)。[18] このように私たちの霊性は私たちの存在を決定づけている本質的な能力であり、同時に神の霊に対しても人間の霊性において象徴的に神の霊を考えることができるのである。
そこで、私たちの霊性を明らかにすることから神の霊を解明する手がかりが得られてくるものと思われる。

（a）人間の「霊性」

ティリッヒは神を存在自体として捉え、神学は存在論であるとしている。そこで、彼は人間の存在構造に関わるアプリオリな存在論的諸要素（個別化と参与、力動性と形式、自由と運命）、存在論的諸概念（存在と非存在、無限と有限、本質と実存）、存在論的諸カテゴリー（時間、空間、因果律、実体）の働きや諸関係を明確にすることから、存在論的神学を構築し、それを神の問題に適用することで神の世界を明らかにしようとした。その中で特に、存在論的諸要素は霊性の次元を構成しているものとして、諸要素間の関連性を述べることから霊性を明らかにしようとする。

人間の「霊性」に関し、彼はそれを「生命力と生の意味との統一」という表現でしばしば述べているが、彼はそのことをすでに『組織神学』第一巻でも説明している。

「霊性 spirit は力 power と意味 meaning との統一 unity である」。力の側面においては、霊性は中心性ある人格性 (personality)、自己超越的活力（vitality）、および自己決定の自由 (freedom) を含む。意味の側面においては、霊性は普遍的参与 (participation)、実在の形式 (form) と構造、制限し方向づける運命 (destiny) を含む[19]。霊性は一部分でもなく、特殊な一機能でもない。それは存在の構造のすべての要素が関与している一切を包括する機能である。霊性としての生命は、ただ人間によってのみ見出される。なぜなら、「ただ人間においてのみ存在の構造が全面的に現れているからである」、とティリッヒは語る (ST I,pp.174-185 ,STⅢ,p.111)。

「霊性は力と意味との統一である」。ここに「力と意味」として示された霊性の二つの特徴・働きは、車の両輪のように相互にその存在を支え補う関係にあるという形で、存在の基礎的な諸要素として存在を構成するものである。[20] 人格性（個別化）と普遍的参与、活力（動性）と形式、自由と運命という三対のそれぞれ一方が力を、他方が意味をなすものとして分類され、相互に依存・制約するものである。そしてこれらが一つとなったものが霊性である。

つまり、参与は個人にとって本質的であって、他の人格との出会いなしには人格は存在しない。人格が真の人格となるためには他者との交わり、参与が不可欠である。人格と参与とはすべての存在レベルにおいて相互依存的である。

人間の動性、創造的活力は無方向的な、混沌たる自己閉鎖的活動であってはならない。それは方向を持ち、形式を持つ。それは有意義な内容に向かって自らを超越する。動性が形式によってあるべき方向を与えられることで、それは真の超越をなす。動性（活力）と形式（志向性）は相互依存的である。

運命は、自然と歴史と私自身とによって与えられ形成されたものとしての私自身である。私の運命は私の自由の基礎である。私の自由は私の運命形成に参与する。運命は自由の反対ではなく、自由の条件また限界を指す。自由は全くの無制約、無秩序にではなく、運命の制約下で私自身を形成する。

こうして霊性が「力と意味の統一」として示され、人間の存在論的諸要素がバランスよく相関的に対峙することによって、現実の制限された状況のもとに存在自体を表すものとなるのである。

ところが、現実には人間存在は実存の有限性の諸制約に服しており、存在論的諸要素が互いにせめぎ合い、両者のバランスが崩れ一方に偏するとき、存在自体が脅かされ非存在へと崩れていく。

個別化と参与の機能が集団化の脅威のもとで自己の外的関連性と帰属性が脅かされるとき、人間は不安と孤独に陥る。

動性と形式の機能は、動性が形式を無視するとき、カオスの無形式となるし、形式が硬直すると機動性も失われる結果、人間は自己の動性を形式主義の中で失う不安と、形式をカオスの中で失う不安を経験する。

自由と運命の機能においても、運命の必然性が自由を脅かし、自由の偶然性が運命を脅かすとき、人間は運命を恣意的に拒否することによって自由を守るか、自由の放棄によって運命を救うかの危機に曝される。人間は自由なしには物になり、運命なしには自由意志を失うゆえに、運命の喪失は自由の喪失となり、本質的な不安に陥る(STI,pp.199–201)。

それゆえ霊性とは、力と意味のどちらか一方のみに偏ったのでは非存在の不安となる人間存在に対して、「力と意味を統一」するものである。そうして初めて、対峙する両者のバランスが保たれ、有限な状況の中で存在自体を可能なかぎり現すことであり、これが霊性の働きである。

つまり人間の霊性とは有限な状況下で、なおかつ存在自体を現し出すものなのである。それは私たちの本来のあり方を示すものであり、有限な私たちを原点へと、存在そのものへと連れ戻す力なのである。それが神の霊によって示された世界との接点でもある。

(b)「神の霊」

次に「神の霊」についてみてみよう。ティリッヒは神の霊を次のように述べている。

「神が霊であるということとは、霊性としての生命が神的生命をあらわす包括的象徴であることを意味する。

それはすべての存在論的諸要素を含んでいる。霊は意味がそれによって生きる力であり、また霊は力に方向を与える意味である。霊としての神は力と意味との究極的統一である」(ST I ,p.250)。

そこで神の霊の特徴をみると、

第一に、それは人間の霊性と異なり、すべての存在論的諸要素を含んでいるということである。存在論的諸要素とは、前述した個別化と参与、力動性と形式、自由と運命であり、人間の霊性がそのアンバランスに脅かされているのに対し、神の霊はすでにこれらをすべて十全な形で含んでいるということである。

第二に、それは力と意味の究極的統一である。たしかに人間の霊性も両者を統一するものであるが、神の霊はそれが究極的であるというのである。では究極的とはどのようなことか。それは「霊は意味がそれによって生きる力であり、また霊は力に方向を与える意味である」とティリッヒが語っているように、両者の相互依存関係が完全な形でなされるということである。

つまり、霊は「力の側面においては中心性ある人格性、自己超越的活力、自己決定の自由を含む。意味の側面においては普遍的参与、実在の形式と構造、制限し方向づける運命を含む。霊性として満たされた生命は真理と同じ程度に情熱を、自己放棄 surrender と同じ程度にリビドーを、正義と同じ程度に権力意志を含む」(ST I ,pp.249-250)。こうして神の霊は、霊が力であり同時に意味であることによって究極的な統一をなし、両者はその内容に関し人間の霊性と異なり完全な働きをなすものである。

さらに神の霊に関して、ティリッヒは三位一体の教義においても「神は霊である」ということを基点として霊の内容である意味と力との関係を語る。

三位一体論的諸原理は神的生命過程内の諸契機である。神的なものについての人間の直観は、常に、神的なものの深淵（力の要素）とその内容の充実（意味の要素）との区別、すなわち神的深層と神的ロゴスとを常に区別してきた。

第一原理は神格すなわち「神を神たらしめるものの基礎」である。それは神の尊厳の根拠であり、神の存在の近づきがたい強烈さであり、すべてのものがそこに起源を持つところの無尽蔵の存在根拠である。それは非存在に無限に抗し、存在するすべてのものに存在を与える存在の力である（ST I, p.250）。

古典的用語の「ロゴス」は、第二の原理、すなわち意味と構造の原理を表すのに最適である。それは意味深い構造と創造性とを結合する。キリスト時代より遙か以前――すでにヘラクレイトスにおいて――ロゴスは存在としての存在の意味と究極性の意味内容とを与えられた。パルメニデスによれば、存在と存在のロゴスとは分離されえない。ロゴスは神的根拠、その無限性、その暗黒性を開示し、その充満性を弁別可能的、限定的、有限的にする。ロゴスは神の深部をうつす鏡、神の自己客観化の原理であると呼ばれてきた。ロゴスにおいては神は自己のうちにおいてまた自己を超え出てその〈言〉を語る。第二の原理なしには第一の原理は混沌となり、燃ゆる火となるが、創造的根拠とはならないであろう。第二の原理なしには神は魔的であり、絶対的隔離が特性となり、〈裸の絶対〉となる。

この二つの原理の現実化としての「神の霊」は第三原理である。力と意味との両者がその中に含まれ、またその中において統一されている。それは両者を創造的ならしめる。この第三原理は、ある意味で、全体であり（神は霊である）、ある意味で特定の原理（神はロゴスを持つように霊を持つ）である（ST I, p.251）。

このように人間の霊性と同様に神の霊においても力と意味との相互依存関係がみられるが、前者以上にそれは全き統一関係にある。つまり、神の霊によってその力が実現し、その意味が実現するのである。神の無限性あるいは深淵（力）、それはすべての存在の根源であり存在たらしめる力であるが、それが無限なものを限定する機能であるロゴス（意味）によって開示される、いわば神が自己を対象化して表現する、区分可能とするのである。神の霊が突然想像を絶するパワーを持って私たちに迫り来る（霊の現臨）。だがその無限のパワーが私たちになんらかの形で有限なものとして捉えられるのである。無限の有限化であり、理解不可能なものの理解可能性である。神の霊はこのようにして私たちに働くのである。

こうしてティリッヒにおいては、人間と神の霊的働きが存在論的に捉えられ解釈されることによって、両者には質的な断絶があるというのではなく、不完全な人間霊性に完全な姿として神の霊が対置するという点が特徴的である。

（c）象　徴

ここで人間の霊性と神の霊との象徴的な関係においてはどのようになるかを考えてみたい。すでに述べたようにティリッヒの次の言葉はその手引きとなる。

霊性という言葉を使う目的は「神の霊、または霊の現臨という象徴に用いられている象徴的素材を提供するためであった」。

「人間は自己を人間として経験するとき、その本性において、彼の生の一つの次元としての霊性の次元によって決定されている存在であることを認識する。この直接的経験は象徴的に霊なる神 God as Spirit について、また神の霊 divine Spirit について語ることを可能にする」。

「これらの用語（霊なる神、神の霊、霊の現臨）は、神についての他のすべての命題と同じように象徴である。これらの用語において、経験的素材は摂取され、超越される」。

「自分の内にある力と意味との統一としての霊性の経験なしには、人間は現臨する神の啓示的経験を霊または霊の現臨という用語で表現することはできなかったであろう」（STⅢ,p.111）。

人間が霊性的存在であり、人間の霊性は人間にとってその存在構造上決定的な意義を有するものであるということが、まさしく、象徴的に神を捉えることになるのである。つまり、霊なる神、神の霊、霊の現臨という表現を用いて神を捉えることを可能とする。

それは具体的には、人間の「力と意味との統一」としての霊性の働きを考えることから、「力と意味との統一」としての神の霊を象徴的に捉えることを可能とするのである。

ここでティリッヒの語る象徴の働きとはどのようなものかを確認したい。すでに第二章第一節で述べたように、彼は象徴を一般的象徴と宗教的象徴に分け、後者に六つの特徴をみる。

〈1〉深みの次元（究極的なもの）の開示

〈2〉その二重の働きにおける非本来性の指し示し

〈3〉全き献身と全き充実

〈4〉聖性への参与

〈5〉すべての事象が象徴を担う

〈6〉無制約的に超越的なものの具象化（MW4,pp.213-214）

前述したように、人間の霊性が不完全な、分裂した霊性であるのに対して、神の霊は完全な全き霊である。神の霊が人間に入ることによって人間の不完全な霊性が昇華され、神の霊を自己の内に「内なる言葉」として感じる。それが神の霊に導かれ、高まり、一つとなることによって、本来の力を覚醒させるのである。それは神の霊が人間の霊性に乗り移るようなものである。換言すれば、神の霊が人間の霊性を支えることによって、人間の霊性がその不完全性を克服して、十全な働きをするのである。[21]

両者の関係がこのように考えられる場合、ここには〈1〉の「深みの次元（究極的なもの）の開示」、つまり、神的世界が人間の霊性を通して解明へと向かっている。

そして〈3〉の「全き献身と全き充実」ということで、人間の霊性の不完全性が徹底、克服されるという象徴の特徴が働いている。

さらに人間の霊性が神の霊に導かれ、高まり、一つとなることによって、本来の力を覚醒させるという点には、〈4〉の「聖性への参与」という特徴がみられる。

これに対して、このような人間の霊性と神的霊との象徴的関係を超えたダイレクトな神の啓示の姿（霊の現臨）を、次の二つの場合にみることができる。

第一は、人間の霊性への神の霊の突入によって引き起こされるエクスタシーとしての経験である。ただティリッヒは自然神学の立場にいるのではない。人間は神を捉えることはできない。人間は神を強制することはできない。反対に神が人間に下ってくるのでなければならない。神が霊の現臨というかたちで私たちを捕えることによって初めて人間は神を捉えることができるのである。神の霊が人間の霊性の中に宿り働くという関係、無制約なものが制約の中に入るという状態をティリッヒはエクスタシーとして語ったのである。

第二は、人間霊性への霊の現臨の働きによって、私たちのうちに「信仰」と「愛」そしてさらに「神の子」(すでに「霊性キリスト論」で述べたように)への可能性という全く新たな、この世界の在り様を超越した姿が現出する。

2　霊の現臨の具体化

(a) 信　仰

ティリッヒは信仰について次のように述べている。「信仰は、霊の現臨が人間霊性の中に突入することへの人間の反応である。それは神の霊が、自己充足性の中に安住しようとする有限な精神の傾向を破り開くことをエクスタシー的に受容することである」(STⅢ,p.135)。

「信仰は霊の現臨によって捕えられ be grasped、確かな生の超越的統一へと開かれた存在の状態である。キリスト教的に言えば、信仰とはキリストとしてのイエスにおいて現れた新しき存在によって捕えられた状態である」(STⅢ,p.131)。

ところで信仰は人間の精神的諸機能と同一視することはできない。つまり、信仰は神的な実在を主観―客観的構造の内部で科学的な理論によって肯定する行為ではない。また権威者によって主張された事実的陳述や評価の受容でもない。〈神と呼ばれる存在が存在する〉というような陳述は信仰の表明ではなくて、十分な証拠を持たない認識的命題である。このような命題の肯定も否定も共に不条理である。

また、近代プロテスタント神学における道徳的解釈のように、信仰は信じようとする意志の結果として、あるいは従順の行為の結果として定義される。だが信仰の従順は信仰を前提として存在するのであって、信仰を創造するものではない。

さらにシュライエルマッハーのように信仰を感情と同一視する場合がある。たしかに全人格の表現としての信仰は感情的要素を含んではいるが、それは感情によってのみ成り立っているのではない（Tillich,Dynamics of Faith,Harper & Row,Publishers NewYork,1957, pp.30-40『信仰の本質と動態』谷口美智雄訳、新教出版社、参照）。

信仰はこれら精神の働きすべてを自己のうちに含み、これらを結合して霊の現臨の変革する力に服せしめる。人間の精神は究極的なものに、そのいずれの諸機能によっても到達することはできない。しかし究極的なものは、精神のすべての機能を捕え、信仰の創造によってそれらを高め、それら自身を超えさせるのである。

ここでティリッヒは信仰の三つの要素を語る。

第一は霊の現臨によってその有限性が破り開かれているという要素

第二は神の霊と人間の霊性の間における無限の隔たりにもかかわらず、前者を受け入れる要素

第三は確かな生の超越的統一に究極的にあずかるという期待の要素

これらの要素は相互内在的である。つまり、第一の要素は信仰の受容的性格、神の霊との関係においては、たんなる受動性にすぎないということである。第二の要素は信仰の逆説的性格であって、霊の現臨に対し勇気をもって立つことである。第三の要素は信仰の予想的性格であって、神の霊の創造性の成就に対する希望としての性格である。信仰のこれら三つの要素をティリッヒは存在論的に語り、人間の状況、存在と意味における究極的なものとの関係における、生一般の状況を表現するものとする。それらの要素は、キリスト教神学の伝統的表現である再生、

義認、聖化に対しての「新しき存在」からの性格づけなのである(STⅢ,pp.130-134)。

（b）愛

愛は「霊の現臨の最大の創造物である」とティリッヒが語っているように、「愛」は信仰と並び、霊性が働くことによって神の愛を感じ自らもその愛を実践し生きるようになる力である。このことについて彼はパウロのⅠコリントの13章の愛の賛歌をその論拠としてあげている(STⅢ, p.117)。

「愛は忍耐強い。愛は情け深い。ねたまない。愛は自慢せず、高ぶらない。礼を失せず、自分の利益を求めず、いらだたず、恨みを抱かない。不義を喜ばず、真実を喜ぶ。すべてを忍び、すべてを信じ、すべてを望み、すべてに耐える」。

それゆえ「愛は霊の現臨によって確かな生の超越的統一へと取り込まれたbe taken存在の状態」である。愛は精神のあらゆる機能の中で働いており、生そのものの最深の核に根ざしている。愛は分離されているものの再結合への衝動であって、精神の働きと同一ではない。

愛は感情ではない。もちろん、人間精神の他の機能と同じように、愛には強い感情的要素が含まれており、感情的要素は愛から切り離しえない。感情的資質を欠いた愛は、誰かまたはなにものかに対する善意ではあるが、愛ではない。

愛は自意識の次元における意志的要素を含んでいる。すなわち、再結合しようとする意志である。そのような意志はあらゆる愛の関係に本質的なものである。感情の力だけに頼っていて愛する意志のない愛は、決して他の人格に浸透することはできない。

愛は愛されるものの知識を含んでいる。しかし、それは分析的知識でもなく、打算的操作の知識でもない。それはむしろ参与する知識であって、知る行為そのものにおいて、知る者と知られる者とを変える。

信仰としての愛は全人格の状態である。こうして、すべて愛の行為においては人間精神のすべての機能が働いている。

アガペーは霊の現臨のエクスタシー的顕現である。それは信仰と結びついてのみ可能であり、確かな生の超越的統一へと引き込まれた存在の状態である。この理由によって、アガペーは愛の他の資質とは独立しているが、しかもそれらと結びつき、それらを審判し、それらを変革することができる。アガペーとしての愛は、他のあらゆる種類の存在論的曖昧性を克服する霊の現臨の創造するものである。

アガペーは象徴的に、本質的に、「神的生そのもの」を性格づけている。信仰は時間―空間における「新しき存在」を性格づけているが、神的生を性格づけてはいない。罪は疎外された存在のみを性格づけている。アガペーは、まず何よりも神が被造物に対して、また被造物を通して、自分自身に対して持っている愛である。アガペーの性格は、まず被造物に対する神の愛に帰せられ、次いで被造物より被造物への愛（隣人愛）に帰せられるのである（STⅢ,pp134-138）。

つまり、神の愛アガペーこそが神的な私たちの生の特徴であり、この愛のうちにある私たちの生、それは霊の現臨によって私たちが神の愛に生きる姿なのである。具体的にそれはⅠコリント13章の愛に生きる姿であろう。それは私たちの内的・外的な分裂を再統一する力なのであり、このことが信仰と同様に超越者の愛に関するティリッヒの存在論的な主張である。

第四節　三位一体論と霊性

新約聖書において、父なる神、神の子キリスト、聖霊について語られているが、これら三つを統一する三位一体について直接には語られていない。にもかかわらず、キリスト教会はその歴史を通じて三位一体の思想を証し、敬虔な人々はこれに強く捉えられてきた。問題はイエス・キリストが神であるとすれば、それは一なる神とどのような関係にあるか。同様に聖霊の人々への神的な働きが語られる場合、それは三神論となってしまうのではないか。この深刻な問題をめぐってキリスト教の思想家たちは誠心誠意その解決に努力したのである。神学者パウル・ティリッヒもこれらの問題を視野に入れ彼の神学体系の中で存在論的観点から三位一体論を論究しているが、その解釈の独自性についてはあまり評価されていない。[22]

そこでここでは、彼が三位一体論を主題としている『組織神学』第三巻第四部Ⅳ「三位一体論的象徴」を中心に、彼の三位一体論の独自性とその現代的意義を考えるとともに、三位一体論における神の霊（聖霊）が、既述の人間の霊性とどのように関係するのかを考察する。

1　『組織神学』と三位一体論

ティリッヒの主著『組織神学』全三巻は、第一巻が神論、第二巻がキリスト論、第三巻が聖霊論を論じる構造となっており、『組織神学』全体を巨大な三位一体論[23]とみなすことができる。

ティリッヒはこの三位一体論を象徴的に捉え、それは「人間の苦境 predicament（限界状況）に含まれた問いに対する答えとして理解されなければならない」[24]という。この実存的問いが生起する人間の苦境は、三つの存在論的概念によって再解釈された形で述べられている。

①被造者としての人間の本質存在に関しては有限性 finitude

②時間空間における人間の実存的存在に関しては疎外 estrangement[25]

③人間の普遍的生への参与に関しては両義性 ambiguity

そして、これら三つの存在論的概念から生ずる問いに対しては、象徴的に解釈された三位一体論によって答えられる（克服される）。

①人間の有限性から生起する問いは、神についての教義およびそれに適用される象徴によって答えられる

②人間の疎外から生起する問いは、キリストについての教義およびそれの象徴によって答えられる

③生の両義性から生起する問いは、霊についての教義およびそれの象徴によって答えられる

こうしてティリッヒは、この三つの問いに対し三位一体論がそれぞれ象徴的な解決を行うということできわめて独創的な論述をする。それは、人間の限界状況克服に対して三位一体論の哲学的な視点からの象徴的なアプローチということである。

第一に、これらの答えの一つ一つをティリッヒは、「究極的関心の事柄を特殊な啓示経験から得られた象徴によって表現」すると語る(STⅢ,p.286)。

これはティリッヒが、彼の『組織神学』各巻において人間存在の根本的な実存状況（苦境）を明らかにし、それらとの救済論的な関わりという究極的な関心において神の三様の働きを語る。しかも父、子、聖霊それぞれをその

するのである。

特殊啓示に対する象徴的な働きとして一般化して捉えなおしてから述べるという形で、救済論的三位一体論を展開するのである。

第二に、これらのことは、「三位一体論の教義は哲学的諸概念を用いながら神学的合理性の一般法則に従う神学的思惟の所産である」(STIII,p.286) ということである。これは神学が特定の哲学上の学説に捕らわれず、自由に哲学の諸概念を使うことを意味するが、同時に、哲学の方法論や概念を使うことによって、そこにキリスト教教義に捕らわれないある種の普遍性を示そうとしたと考えられる。

つまり、人間の苦境克服のための三位一体論を象徴的に解釈し、哲学の概念を用いることにより普遍的な救済を語るのである。よって、父、子、聖霊を従来通りそれぞれ創造者、救贖者・仲保者、生命付与者というようにダイレクトな意味・役割で象徴的に捉えるのではない。そこでは象徴の本来の特徴・働きの一つである、そのものの内在的な意味を超えた、「超越的な意味」を示すものとなっている。

第三に、それを受けとる私たちにとっては、そのように意味超越的に差し迫って来るものに対して、参与 (participation) という形で関わる (P.Tillich,Theology of Culture, pp.56-59)。それは私たちの生き方に根本的な変革（苦境克服）を起こさせるものなのである。

では、ティリッヒは三位一体論に対する象徴的な解釈をどのように展開しているのかを素描してみよう。

2　有限性——父なる神

ティリッヒは有限性とは何かを存在論的に次のように語る。「存在の問題は非存在の衝撃から生じる。人間のみが自己自身の存在また他のあらゆる存在の限界の彼方を見ることができるので、人間のみが存在論的問題を問うことができる」(STI,p.186)。

この非存在については実存主義が徹底的に考えた。「現代の実存主義は深刻かつ徹底した仕方で無に遭遇した。サルトルは非存在の中に無の脅威だけでなく無意味の脅威（存在構造の破壊）をも含めている」。だがティリッヒは、実存主義にはこの脅威を克服する道は示されていなかったと語る(STI,p.186)。実存主義がなしたのは非存在の分裂の分析のみであり、その克服は示されなかった。彼がこう断言することに関しては議論の余地があると考えるが、大筋では妥当するであろう。

これに対してティリッヒはハイデガーに従って、[26] 有限性を「非存在によって限界づけられた存在」と定義する。非存在は存在の「いまだ」と存在の「すでに」として現れる。それは存在する私たちを一定の終末をもって脅かす。有限性は「非存在から出て非存在へと向かう過程にある存在」である(STI,p.189)。

有限性とは存在が非存在によって限定されたあり方である。具体的にはそれは時間によって制限された私たちの存在である。そしてこの「意識された有限性が不安」である(STI,p.191)。

ではこの不安という有限性から生ずる意識に対し、それを克服するものは何か。それをティリッヒは、不安を引き受ける勇気であるという。

「勇気は個々の実体の喪失および存在一般の実体の喪失の脅威を自己に受容する。これは有限的なものを肯定する勇気、己の不安を己に引き受ける勇気である」(STI,p.198)。

そしてこの勇気が生じるその源泉を神と考える。

「彼は彼の不安を彼自身に引き受ける勇気を彼に与える〈あるもの〉(that which gives him the courage) について問わざるを得ない。」(ST I,p.206)。こうしてティリッヒは「あるもの」としての神を考える。神の問題が問われ得るのは、「不安として経験される非存在の脅威が、非存在を克服する存在への問いへと人を駆り立てる」からである。この問題は有限性から無限者を推論する、いわゆる神の宇宙論的証明、さらに自然神学的証明の問題であるが、さらにその前提として存在論的証明の問題でもある (ST I,p.208)。

神の宇宙論的証明とは、カントによると、有限者が存在する場合、自らその存在を根拠づけることができない以上、それを根拠づける最終原因である無限者が想定されねばならない、ということから無限なものとしての神の存在を推論することである。有限は有限をどんなに拡大しても有限であり、よって有限を克服することはできない。それが可能なのは無限者によってである。ここからティリッヒの次の言葉が結果する「神は人間の有限性に含まれている問題に対する答えである」(ST I,p.211)。

もちろんティリッヒが、カントがこの証明への批判で指摘した「現象を超えたもの (神) への因果律の適応の越権」の問題を克服しているかどうかは問われるところであるが、彼が論及しているのは、「神を問うこと自体の分析の問題」である。つまり、「問題を問う行為自体の中に無制約的要素」を考えるといういわば神の存在論的証明である。そこで、問うこと自体のうちに神の存在が前提されているということとなる。さらに、「第一原因と必然的実体とは有限的存在に含まれている問題を表現する象徴である。それは即ち有限性と諸範疇とを超越する問題、非存在を包括し克服する存在自体の問題、即ち、神の問題である。」(ST I,p.209) として神を象徴として間接的に考えようとすることで、カントの批判 (神を直接推論しようとする理性の越権) をかわすことができよう。そして、「宇宙論的な神の問題は、究極的に勇気を可能ならしめるもの、即ち範疇的有限性の不安を受容し超克する勇気の問題で

ある」(STI,p.211)、ということが言い得るというのがティリッヒの主張である。(27)

有限性に対しての不安という形で意識された非存在・無という根源的状況は、私たちを存在への問い、勇気への問いへと駆り立て、さらにこの問い自体を根拠づけるものとして無限なる存在者を考えることに向かう。こうしてティリッヒは、有限的存在としての私たちに対して存在・有、勇気を与える無制約な〈あるもの〉という表現で、いわば非象徴的に象徴としての神の働きを語るのである。

3　疎外――子なる神

ティリッヒは「実存の状態は疎外の状態である。」と語る。つまり、人間はその存在の根拠から、また他の諸存在から、また彼自身から疎外されている。本質から離れ実存への移行という疎外の結果は、人間の避けがたい罪とその悲劇であるという(STII,p.44)。

疎外は人間の苦境という根本的性格の一つである。「実存する人間は、彼が本質的にありまたあるべきであるところのものではない。彼は彼の真の存在から疎外されている」(STII,p.45)。

この疎外的状況を彼は聖書の中にみる。たとえば楽園からの追放、人間と自然の敵対、兄弟間の激しい敵意、言葉の混乱による民族間の離反、神から離れる王や民衆に対する預言者の悲痛な嘆き、さらに偶像崇拝や人間の内的矛盾、悪意等へのパウロの言葉の中に表れている(STII,p.45)。

そしてこの疎外を聖書的に「罪」として表現する。「人が自ら属するもの(神、世界、自己自身)からの疎外状態にあることが罪であり、疎外という語は宗教的観点からする罪の再解釈である。罪はさらに、人が自ら属するものに意識的に背を向けるという人格的な面を持つ」(STII,p.46)。

ティリッヒはこの疎外の特徴として、不信仰、強欲、高慢の三つをあげている。疎外状態にあるこの三つは人間の本質的存在に矛盾する。それは人間と世界と両者の相互関係との創造された構造に矛盾する。そして自己矛盾は自己破壊へと向かう。この相互対立的諸要素は、相互否定と、相互の属する全体の否定へと向かうのである(STII, p.47)。

ではこの疎外のもたらす破壊的状況はいかにして克服されるのか。ティリッヒはここに「新しき存在」という歴史に現れた神的諸存在をあげ、その中で特にキリストによる疎外の克服を語る。(28)

「新しき存在」は、「有限性の限界内で人間的苦境（本質と存在との分裂）克服のためさまざまに現れる神的力」である(STII, p.87)。

「新しき存在」は歴史上人格的生として現れる。「キリストは新しき存在の決定的発現（final manifestation）の担い手に対しキリスト教が当てはめた名称である」(STII,p.88)。キリストは、バプテスマのヨハネのようにたんなる新しき存在を期待された一預言者ではなく、新しき存在そのものなのである。ここでもイエス・キリストは歴史の一回性において人類の救いのために遣わされた唯一の救済者としてではなく、新しき存在の具現化として、象徴的に捉えられている点が注目される(STII,p.99)。

ティリッヒはメシア思想という観点から疎外の克服を述べる。「メシア思想においては、新しき存在は、有限的存在を犠牲にすることを要求するのではなく、疎外の克服によってすべての有限的存在を充実させるのである」(STII,p.88)。そしてそれは「イエスがキリストであるということを当時の弟子たちが受け入れた」ということにより、キリスト・イエスが時間・空間における「新しき存在」の全き顕現者であることが証されたのである。

そうして「新しき存在」はキリストとしてのイエスにおいて「その実存的疎外を克服する」力を実際に遂行した

のである(STⅡ,p.97)。

神においては人間の宿命的疎外が永遠に克服されているが、イエスにおいてはそれが現実である。彼においては人間の自由と運命そして疎外がしっかりと受けとめられ、それらとの全面的な対決がなされている。

歴史上キリスト・イエスに現出した「実存的疎外が克服された人格的生活がなかったならば、新しき存在はたんなる要求であり期待であるにとどまり、時間空間的現実ではなくなる」(STⅡ,p.98)。

さらに私たちは新しき存在に捕えられ、新たにされるのである。これをティリッヒは再生という。「それはキリストがもたらした新しい状態、新しい世であり、個人はそれに入るのであり、入ることによってそれに参与し(participate)、参与することによって、生まれ変わるのである。——新しい現実の光によって人は、旧い現実・従前の生の実存的疎外状態を去らなければならない」(STⅡ,p.177)。

私たちは「キリストにおける新しき存在の力の中に引き入れられ、その力が信仰を可能ならしめる。そしてそれによって、神と人との一体性が回復される。つまり、自己が受容されていることを受容することが救済のパラドックスであり、これなくして救済はなく絶望(疎外)があるのみ」である(STⅡ,p.179)。

疎外という根源的な罪に対処するには、私たちはただ「新しき存在」、それは人間と世界の分裂、不信仰、強欲、高慢を克服したイエスという姿で地上に出現し、彼をキリストと受け入れることによって全く受けとめられているということを無条件に信じることである。つまり、自らが人間の運命的状況である疎外をしっかりと受けとめ、それを克服する力である「新しき存在」(イエス・キリストという姿で地上に現れた)が私たちに迫り来るのを確信する。この象徴的な姿〈新しき存在〉に取り込まれることによって、私たちの疎外が克服されるのである。こうして新しき存在を私たちが自ら受け入れる(あるいは受け入れられる)ことによって私たちも新しき存在と一つとなり、そうなることで、私たちの罪的状況は救われ、疎外は克服されるのである。

4　両義性——聖霊なる神

生の存在論的概念には、この体系全体の規定をなしている存在の二つの主な性質があり、それはティリッヒによると本質的なものと実存的なもの（有限性、疎外等がその条件）である。ティリッヒは、生という語はこの「本質的な要素と実存的な要素の混合の意味」であり、これが生の両義性の根源であるとする（STⅢ,p.12）。そして生は「可能的存在の現実化」の過程である。

それは二つの要素の一方のみに定めるのではなく、両者が混沌から調和、秩序ある状態に定位すると解することができよう。なぜなら、生の存在論的要素がそれぞれ両極に対立していることから両義性が生じ、この対立が相互依存と調和となることによって一義性が成立するからである。

ここでティリッヒは複雑な生の現実化を語る。生の現実化には三つの要素（element）がある。それは自己同一self-identityと自己変化self-alterationと自己への帰還return to one's selfである。生の過程の中で、これら三つの要素においてのみ生の現実化は遂行される。

その際、生の現実化のために働く三つの要素は、生の三つの機能（function）を通して展開するとされる。つまり、これらの要素は私たちを生の第一の機能〈自己統一self-integration〉の認識へと導く。自己統一において、自己同一の中心が確立され、自己変化へと引き込まれ、それがその中へと変化せしめられたものの内容と結びついて再確立される。生の現実化の過程（可能的なものの現実化の運動）は、第二に、新しい中心を生産する機能、成長の原理の下における機能〈自己創造self-creation〉である。「生は新しいものに向かって進む」。それは個的中心を超越することによって行われる。さらに第三に昇華の原理の下における機能〈自己超越 self-transcendence〉がある。そこでは生はその本質からして、それ自身の中にあると同時にそれを越えている。それは生の「崇高なものへの突進」である (STⅢ,pp.30-31)。

この三つの機能によって私たちの生は、たんなる可能的存在であったものが現実となる。それは換言すれば、本質と実存の混淆状態が克服され調和と融合が成立する。

しかし、生の三つの機能は自己同一と自己変化の要素を結合しているが、その結合は実存的疎外によって脅かされている。この疎外が強まるにつれ自己統一は崩壊によって減殺し counter、自己創造は破壊によって減殺し、自己超越は卑俗化によって減殺する。こうしてティリッヒによると、「すべての生の過程は、積極的な要素と消極的な要素とが混合されるという両義性を持っている。生はあらゆる瞬間において両義的である」(STⅢ,p.32)。

こうした生の諸機能に避けがたく存在する両義性を検討し、さらに、この両義性とその霊性による克服が彼の『組織神学』第三巻の主要なテーマである。

生の構造上の両義性は大きく三つある。それらがそれぞれ精神の次元で存在論的諸要素において分裂し対峙している。

ａ　生の自己統一とその両義性――個別化と参与の両極性 polarity――道徳
ｂ　生の自己創造とその両義性――動態と形相の両極性――文化
ｃ　生の自己超越とその両義性――自由と運命の両極性――宗教

これらの両義性の中で、一例として（ａ）の道徳の世界の両義性の「人格的自己統一の両義性」とその霊性による克服をみてみよう

「自己統一の両義性は精神の次元に存在する。それは通常人格的中心における諸価値の葛藤として論述される。存在論的に言えばそれは実存する自我の内部におけるもろもろの本質の葛藤と呼ばれうるであろう」。諸価値の葛藤・対立において、その中の一つが強化されて、人格の中心を占領し、中心性を持った統一体の内部における、もろもろの本質の均衡を崩す。このことは自己統一の失敗をもたらし、強いが、しかし排他的にしてリゴリスティックな狭い道徳性を持った人格を作り出してしまう (STⅢ,p.43)。

人格的統一をもたらすはずの本質的世界が、諸価値の葛藤という実存的状況の中でその本質を形成することができず、道徳的な対立と分裂の中に漂っているのである。これが「個別化」の現象である。そしてそれは本質と実存との不一致という両義性にその原因をみることができる。

この両義性を克服するのが霊性の体験である。「霊の現臨 Spiritual Presence の経験のエクスタシー的性格は人間の霊性の合理的構造を破壊はしないけれども、人間の霊性だけではなし得ない何事かをする。それが人間を捕えるとき、一義的な unambiguous 生を創造する」。ただそれは神の霊に私たちが捕えられるということが第一にあり、そうして初めて一義的な生を獲得することができるのである (STⅢ,p.112)。ここに諸価値の対立とその背後の本質と実存との分裂が統一と調和へともたらされる。

「霊の現臨は人間の霊性を一義的な生の超越的一致へと高め、神との再結合の直接的確かさを与える」(STⅢ,p.128)。ここに神の霊（聖霊）と人間の霊性との関係が明確に語られている。この点はすでに前節で述べたように、神の霊の働きを受け取るのは私たちの霊性であり、この霊性の働きについては注目しなければならない。

ところで、神の霊との出会いにおいて生じるエクスタシー、それは神的存在との一体化の体験であり、それを象徴的働きと捉えることによって、本質と実存との調和・統一が成立する。

本質と実存との超越的な融合は、「人間精神の内部においては、エクスタシー的運動として現れ、ある観点からは信仰と呼ばれ、他の観点からは愛と呼ばれる。これら二つの状態は超越的結合を顕し、人間精神の中に、霊の現臨によって創造されるものである」(STⅢ,p.129)。ここに分裂したものを結び合わせる「参与」の働きが見られる。信仰と愛は人間を自己の超越的な力によってその統一へと駆り立てるのではなく、まず霊の創造的な力によって私たちが統一へと駆り立てられる。そしてこの霊の力が私たちの中に信仰と愛となって具体的に現れ統一へと働くのである。つまり、

「霊の現臨は、信仰と愛において、人間を一義的な生の超越的統一へと高めながら、本質と実存とのギャップを超えて、したがって、生の両義性を超えて、神的な力である新しき存在を創造する」(STⅢ,p.138)。

神の霊の力によって私たちの霊性が信仰と愛へと姿を変え、私たちの両義性を克服する。それはまた私たちの内における新しき存在の創造でもある。

信仰は、「霊性によって捕えられ、一義的な生の超越的統一へと開かれた存在の状態である」。そして私たちの有限性への傾向を破り開く包括的な力である(STⅢ,p.131)。信仰によって統一への道が開かれる。愛は、「霊性によって一義的な生の統一へと取り込まれた存在の状態」である。そして再結合への意志である(STⅢ,p.134)。愛によって統一が実現するのである。

霊の体験は、エクスタシー状態として私たちが神と一体となる体験であり、象徴的に私たちのうちに信仰と愛として働き、統一への力となる。そして、私たちの両義性という本質と実存との分裂状態を統一する。霊性の象徴的

な働きとしての信仰と愛によって、私たちは統一へと駆り立てられるのである。

私たちの人格の中心性を持った統一は多くの異なる可能性を持ち、その一つ一つが中心を支配しようとし、他を排除しようとする。だがそのような対立は、「霊の現臨の衝撃の下では、断片的ではあっても解決されている。霊は人格の中心を、普遍的中心へと、信仰と愛によって可能となる超越的一致へと持ち込む。この一致は可能性と現実性を超えてそれらを抱擁している」(STIII,p.269)。

私たちは霊性の体験により実存と本質との分裂、諸価値の対立、葛藤が克服され、やがては本質と実存との一致、神との一体化が断片的にせよ実現しつつあるのをみるのである。

こうして、人間の有限性に対しては神(父)が、人間の疎外に対してはキリスト(子)が、生の両義性に対しては神の霊(聖霊)がその解決の道として現出する。人間存在の実存的な三様の苦境(限界状況)はこの三位によって克服されるというのがティリッヒの立場である。この意味で彼の三位一体論は、人間存在の宿命的な限界状況という人間にとって不可避のあり方への三つの位格の象徴的対応(無制約なあるもの、新しき存在、信仰と愛)ということで三神論の問題を克服し、そうしてキリスト教の伝統的教義から距離をおき、人間の苦境に対してのなんらかの解決を普遍的に指し示しているのである。それは救済論的枠組みという三位一体論の伝統に従ってはいるが、キリスト教の枠組みを越えて今日の人類の救済への指し示しとなる普遍的な、実存論的三位一体論なのである。

5　ヤスパースの批判に対して

これらの主張は哲学者カール・ヤスパースの三位一体論への批判的な見方に対しても有効であろう。ヤスパースは自己の実存哲学の立場から、キリスト教の三位一体論全般に対しその思想的努力を評価する。「三位一体思想の驚異的構成物は、さまざまな様式で打ち立てられている。不可解な事物を理解する点で、測り知れぬ思想の作業が遂行された」。

だが彼はそこに潜む実存的不誠実さを指摘し、次のように批判する。「彼らは、超越者を思惟して、あたかもそれが物象 Sache であるかのように意識する。彼らは、彼らからいわばヴェールが取り去られているかのような仕方で認識する。彼らの超越者への沈潜は、彼らにとって信仰における法悦 Beglückung を意味する」。たしかに三位一体のそれぞれの神が私たちにダイレクトに物象（感覚的対象）として迫り来るとするなら、それは神的対象が、自己の思い込みの中で狭隘化し閉鎖的となる。そうして、神性そのものが本来持っている豊かさが失われてしまう。残るのは暴力的な信仰の強制ではないか。

「神が三位一体そのものとして現存し、信仰的な思い込みによって認識されるとすると、こうした形では神は超越者との関係を示す道を遮ってしまうのである。（このような努力は）私たちにとって空しいように思われ、私たちの実存的諸可能性を損なうものである」（Karl Jaspers,Der philosophische Glaube angesichts der Offenbarung,R.Piper,1962, S.255-, 重田英世訳、理想社、参照）。

しかしティリッヒの三位一体論は象徴の三位一体論である。彼はそれぞれの神を実体的にも捉えていないし、即物的な物象とも捉えていない。彼の立場はそれぞれの神を象徴として捉える立場である。それはヤスパースが次のように自己の実存の立場を語るものに近い。「隠れた超越者からの導きにより、現存在における可能的実存として私たちには、試みつつ、問いつつ、実際的に人間としてのそのつど具体的状況の中で人間と共に、私たちの道を決断しつつ見出すことが課せられている」（ibid.,S.256）。

つまりティリッヒにおいても、三つの位格は私たちの実存における限界状況に面して、間接的になんらかの解決を指し示す神なのである。その意味で回答の多義性を払拭することはできないであろう。ただ、ヤスパースとの違いは、後者の解決が多義的であり、そこで行われる決断と敢行は可能的実存にとどまっているが、ティリッヒの場合、さらにそこに可能的実存からの現実化が歩み出され、「信仰における法悦 Beglückung」がもたらされる。それはティリッヒ的に言えば、「エクスタシー」的状況であり、これが超越者からの回答（働きかけ）を受け入れた信仰者の心情であり、実存哲学がなし得なかった成果であり、ここに哲学者に対しての相違と優位がある。

次に限界状況に関しても考察が必要であろう。限界状況とはヤスパースの用語であり、私たちが生きるうえで避けられない根本的な状況である。ヤスパースはこれに対して、私たちはこの状況を前にして逃げ去るか、この状況による挫折によって自己を壊滅させるか、あるいはそこに本来の自分（実存）を発見するという道があることを語っている。だが、この実存は挫折を真に克服するものとなるかということに関しては、明確には語っていない。ただ彼は、実存において超越者の暗号を聞くことができるとだけ語る。しかしこの暗号を解読するのはまたしても実存としての自分自身であり、そこにはたえず実存的厳しさの内に精進しなければならない私たちがある。実存としての私たちは、この迫り来る超越者の暗号に対して徹底した心備えをし、超越者からの不断の呼びかけに対し、本来的自己を覚醒する活動へと応じ続ける、いわば途上的存在なのである。だがそれ以上ではない。そこでは、ある種の安らぎ、救い、癒しが超越者から送られては来ないのである。

このヤスパースの限界状況 Grenzsituation がティリッヒの言う苦境 predicament と通底していると考えられる。その理由は、

①共に人間の努力によっては回避することができない運命的な状況である。

②共に人間の能力によっては克服することが難しい人間の能力を超えた状況である。

③内容的には、ティリッヒの「有限性」はヤスパースの第一番目の限界状況である「規定性」や第二番目の四つの限界状況の中の「死への不安」が対応し、前者の「疎外」には後者の自他の分裂から生じる「苦悩」「闘争」「負目」が対応し、前者の「両義性」には後者の「現存在のアンチノミー的構造」が対応すると考えられる。

一方、ティリッヒの語る苦境は、それが生の不可避な状況、しかも私たちの力ではどうすることもできない運命的な分裂状態・苦しみである点で限界状況と同様の内容を語るものである。すでに述べたように、この苦境に対して彼はその克服を神、キリスト、聖霊の象徴的な三位一体論によって徹底的に遂行する。そうしてここにヤスパースの実存的な精進では満たすことが難しい、安らぎ、救い、癒しが獲得されて来るのである。

6　三位一体と霊性

すでに述べたように『組織神学』第三巻で神の霊（聖霊）Spirit とそれを受け取る人間の能力として霊性 spirit との関係が語られた。つまりティリッヒの捉えた人間の霊性は、知性や感情等人間の一般的な能力を超えた宗教的意識を司る霊性というだけでなく、人間の能力すべてを含んでいる点が特徴である（STⅢ,pp.21-24）。

一方、神の霊、つまり聖霊は、生のあらゆる層に不可避的に食い込んでいる両義性という限界状況を現実に克服する力である。しかしそれは霊自身が直接克服するのではない。霊の現臨というかたちで私たちに迫り来て、（多少強引な言い方をすれば）私たちの霊性を通して働くのである。

この神の霊の現臨 Spiritual Presence によって引き起こされるエクスタシー的な経験は「人間の霊性の合理的構造を破壊はしないで、人間の霊性だけではなし得ない何事かをする」。あるいは「霊の現臨は人間の霊性を一義的な生の超越的一致へと高め、神との再結合の直接的確かさを与える」（STⅢ,p.128）のである。

この「人間の霊性だけではなし得ない何事かをする」、「一義的な生の超越的一致」ということで意味するのは、「人間の霊性内部においては、エクスタシー的運動として現れ、ある観点からは信仰と呼ばれ、他の観点からは愛と呼ばれる。これら二つの状態は超越的結合を顕し、人間の霊性の中に、霊の現臨によって創造されるものである」(STIII,p.129)、ということである。

つまり、神の霊の力によって私たちの霊性は生の分裂を統一する方向へと働くが、それが具体的には霊性自体が信仰と愛へと姿を変え、生の両義性を克服するのである。

信仰は、私たちに生の両義性から一義的な生の統一への道を開くものである(STIII,p.131)。

愛によって生の両義性が克服され統一が実現するのである。

「神との再結合の直接的確かさ」ということで意味するのは、神の霊との出会いにおいて生じるエクスタシー、神の霊に私たちの霊性が捕えられた心的状態であり、さらに、神との神秘的な合一へと深化するものであろう。

それは私たちが神と一体となることではあるが、それはどのようなことか。私たちが神的存在となること、いわゆる人間神化を意味するのではないであろう。信仰と愛の実践において実現するのは、限界状況が完全に克服された神的世界を私たちはまた自ら有限な人間として体得しつつあるということである。この時点ですでに、霊の現臨ということで私たちは神の世界に取り込まれているのである。

さらに、神の霊の現臨による一義的な生の超越的統一は、「生の両義性を超えて、神的な力である新しき存在を創造する」(STIII,p.138)。神の霊の力によって私たちの霊性が信仰と愛へと姿を変え、生の両義性を克服する。それはまた私たちの内における「新しき存在」の創造でもある。

ここに私たちは、私たちが霊性という能力を持つことにより、それが神の霊を受け取ることによって、私たちの生に不可避的な限界状況を克服すると同時に、「新しき存在」が私たちの中に芽生えるという新たな段階に入るのである。否、すでに私たちが愛と信仰を実践していることで、「新しき存在」に入っているのである。

ティリッヒは、「歴史的人類に対する新たな存在の決定的具現」をキリスト・イエスにみる。キリストは「霊の現臨によってまったく捕えられた」ものであり、キリストにおいて信仰と愛はその全き姿で具現されたのである。ここにキリストは私たちと共同体にとっての永遠の「基準」となる（STⅢ,p.144）。私たちもまた「新しき存在」に向ってイエスを基準とするものなのであろう。

第五節　鈴木大拙の「霊性」

鈴木大拙は『日本的霊性』の中で仏教の立場から霊性を語り、その働きや特徴に論及している。そこでこれまで述べてきたティリッヒの霊性論が一特殊宗教に制限されることのない普遍的な働きをなすものかどうか、宗教意識に共通の特徴であるのかどうかを明らかにするための重要な資料として、大拙の霊性論をまず概観し、さらにティリッヒのそれと対比して考えたい。

1　精神と霊性

大拙は霊性という言葉よりもそれに類似した言葉である精神という言葉が一般に使用されているとして、まず精神を説明している。

精神には、「精神一たび到れば、何事か成らざらん」という場合のように、意志という言葉が当てはまる。さらに広い意味では宇宙生成の根源力であるといってよいから、それが個々の人間のうえに現れるとき、心理学的意味の意志力と解せられる。

また、仏教の「心を一処に制すれば、事として弁ぜざるはなし」とあるように、精神は注意力という意味でもある（鈴木大拙『日本的霊性』初版は一九四四年大東出版社、岩波文庫二〇〇六、一二頁）。

今日、普通に精神というと、心、魂、物の中核ということを指すようである。武士のたましいとか日本魂とかいうとき、それをそのまま武士の精神とか日本精神に置き換えることはできない。魂のほうは具象的に響き、精神は抽象性を帯びているからである。

精神を心と一つにするわけにもいかない。精神科学は必ずしも心理学ではない。立法の精神というとき、それは心というよりも、主張・条理・筋合いという意味が含まれる（前掲書一三頁）。

日本精神という場合の精神は、理念または理想である。それはその時々の時勢において意識に上ってくるものである。ただ理想は将来・目的を考えるが、精神は過去的であるが事実上未来をはらんでいる。また日本精神は倫理性を持っている（前掲書一四―一五頁）。

こうして大拙は、精神がその内容上、意志、意志力、注意力、心、魂、理念、理想を意味するかそれに類似するものであると考える。だが、それが結局は物質と対峙するものであることから、この両者の背後に霊性をみる。

この二元論的な精神に対して、霊性とはどのようなものなのか。「精神を物質に対峙させるのではなく、精神と物質との奥に、いま一つなにかを見なければならない」として、大拙は次のように語る。「精神的などという場合は物質的なものと対蹠《たいせき》的立場をさす。精神史というと人間が自然から離れて自然の上に加える人間的工作全般をその対象とする。結局、精神は物質と何らかの形で対抗する関係にある」（前掲書一五頁）。

「二つのものが対峙する限り、矛盾・闘争・相克・相殺などということは免れない。なにか二つのものを包んで、二つのものが畢竟《ひっきょう》するに二つではなく一つであり、また一つであってそのまま二つであるということをみるものがなくてはならない。これが霊性である」（前掲書一六頁）。

このように大拙は霊性を精神に近い用いられ方をする概念としてあげてはいるが、精神は物質と対峙する概念であり、いわゆる対象論理的な概念である。これに対して、霊性はそれら二つの奥にあり両者を包括・融合するものとして、対象論理では捉えられない主客の彼方にある世界であり、高次の概念である。

次に、霊性は多様な人間精神とどのように関係するのか。精神の諸能力をみると、感性は、花を紅と見る、柳を緑と見る、水を冷たく、湯を熱いと感ずる働きである。一方、情性は、花は美しい、冷たい水は清々すると感じる能力である。またそのうえに意欲の働きがある。美しいものが欲しい、清々するが好ましい、それらを手に入れようとする場合である。さらにこのようにさまざまな働きを分けて話す働きが知性である。

だが霊性は、これら四つの精神の能力（感性、情性、意欲、知性）だけでは説明できない働きにつける名である。

「水の冷たさや花の紅さやを、その真実性において感受させる働きである。紅さは美しい、冷たさは清々《すがすが》しいという、その純真のところ《ここ》において、その価値を認める働きがそれである。美しいものが欲しい、清々しいものが好ましいという意欲を、個己の上におかないで、かえってこれを超個己の一人《いちにん》の上に帰せしめる働きがそれである」（前掲書一一五頁）。

ここでは霊性とは、これら四つの精神の諸能力に続く第五の能力ではなく、それぞれの心的作用をその「真実性」において、あるいは「純真」において感受させる働きである。このことは大拙の論述からすると、個己（主体的自己）の精神的作用がたんに個己のレベルにとどまらないで、それが同時に超個己（普遍的自己）を持つようにする作用であるということを意味する。つまり、霊性は私たちの精神能力がたんなるエゴのために働くのではなく、それらがエゴを超えた普遍性を持つものとなるように働くものなのである。こうして霊性は四つの能力がその真の働きをするよう、それらを背後で支え高める隠れた働きなのである。(29)

2　宗教意識

このように、霊性と精神は対立概念ではなく、霊性によって精神はその真の活動をなすのである。「精神の意志力は、霊性に裏づけられていることによって始めて自我を超越したものになる」。ここで言う自我がエゴを指すとすると、霊性は精神の普遍性を促す働きをなすということである。

さらに大拙は霊性を文化的次元に関する能力としてではなく、宗教に対して働く能力であるとしている。「霊性を宗教意識と言ってよい。宗教については、どうしても霊性とでもいうべき働きがでてこないといけない。すなわち霊性に目覚めることによって初めて宗教がわかる」。

「霊性と精神の違いは、精神には倫理性があるが、霊性はそれを超越している。超越は否定の義ではない。精神は分別意識を基礎としているが、霊性は無分別知である。精神にも意志と直覚で邁進する場合がある点で霊性と似ているが、霊性の直覚力は、精神よりも高次元である」（前掲書一七頁）。大拙は霊性を明確に宗教意識と言う。霊性とは超越性、無分別知、高次の直覚力をその特徴とするものである。そして、

「宗教というものからみると、それは人間の精神がその霊性を認得する経験であるといわれる。宗教意識は霊性の経験である」（前掲書一九頁）。

つまり霊性は精神と異なり、後者が倫理的なものであるのに対して前者は宗教的世界に働くものである。霊性が働き精神的なものを超越することによって宗教的世界が開かれてくるのである。よって霊性は宗教的意識であると語られているように、霊性とは宗教的な深みにある、それに精神が目覚めるとき宗教の世界が開けるのである。さらに霊性は精神をその本来の働きへと覚醒させるものでもある。そこでは精神は霊性を獲得するまでに至るのである。この霊性の旨とする論理は、精神の世界の論理が分別知であるのに対して無分別知に基づくものである。[30]

3　日本的霊性

大拙は、この霊性が時間的空間的な機を待って具象化したものとして日本的霊性を語る。だが、なぜ霊性が日本的霊性として現出したのか、他の国にはそのような霊性はなかったのか。この点の説明を彼は次のように述べるにとどめている。[31]

「宗教意識の覚醒は霊性の覚醒であり、それはまた精神それ自体が、その根源において動き始めたということである。霊性はそれゆえに普遍的であり、どこの民族に限られたものではないが、それが精神活動の諸事象の上に現れる様式には、各民族に相違するものがある」（前掲書二〇頁）。

このようにして、普遍的な霊性の具象化した姿を日本的霊性として語ろうとしているのであるが、それはやがて彼が語る霊性の大地性につながることで基礎づけられるものであろう。

日本的霊性の情性方面に顕現したのが浄土系的経験であり、その知性方面に出現したのが日本人の生活の禅化である。

「日本的霊性の情性的発展というのは、絶対者の無縁《むえん》の大悲を指すのである。無縁の大悲が、善悪を超越して衆生《しゆじよう》の上に光被してくるゆえんを、もっとも大胆にもっとも明白に闡明《せんめい》してあるのは、法然《ほうねん》―親鸞《しんらん》の他力《たりき》思想である。絶対者の大悲は悪によりても遮《さえぎ》られず、善によりても拓《ひら》かれざるほどに、絶対に無縁―すなわち分別を超越しているということは、日本的霊性でなければ経験されない」（前掲書二五頁）。

禅の特異性はその直接性にあり、この点では浄土真宗と同一方向にある。仏光国師が北条時宗に教えた「莫妄想《まくもうそう》」(32)も、明極和尚が楠正成を励ました「両頭を截断《せつだん》すれば一剣天によって寒し」も同じところを狙っている。「二つのもののあいだに媒介者を入れないということである。何ものも持たないで、その身そのままで相手のふところの中に飛び込むというのが、日本精神の明《あか》きところであるが、霊性の領域においてもまたこれが話され得るのである。霊性は、実にこの明きものを最も根源的に働かしたところに現われ出るのである。明き心、清き心というものが、意識の表面に動かないでその最も深きところに沈潜していってそこで無意識に無分別(33)に莫妄想に動くとき、日本的霊性が認識せられるのである」（前掲書二六頁）。

普遍的な霊性はその時期的風土的民族的表現において多様な形態をとるが、日本においてそれは浄土系思想と禅において端的な形を成した。大拙がその具体的内容としてあげたのは、主に親鸞の浄土真宗の世界である。そこでは絶対者の無縁の大悲が、善悪を超越して衆生を包むのである。つまり、親鸞という霊性に満ちた宗教的天才によって初めて無縁の大悲という宗教的な深みが体得され、普遍的な霊性が日本的霊性として歴史上自覚されたのである。

4　大地性

大拙は霊性を論じる中で、一見宗教と無関係に思える大地性と宗教との不可欠な関連を語る。宗教が生きる宗教であるためには、霊性を伴わねばならない。そして霊性は大地において生成するという。「霊性は、大地を根として生きている」（前掲書四二頁）。大地に根を持たないということは「宗教的生命である霊性の欠如」につながる（前掲書四三頁）。

それはどのようなことか。「天は遠い、地は近い。大地はどうしても母である、愛の大地である。これほど具体的なものはない。宗教は実にこの具体的なものからでないと発生しない。霊性の奥の院は、実に大地の座にある」（前掲書四三頁）。天は観念的であり、平安時代の大宮人の美的観想の世界には、真に人を救う宗教の力は現われてこない。

では大地はなにゆえに宗教的生命となるのか。

「天に対する宗教意識は、ただ天だけでは生まれてこない。天が大地におりて来るとき、人間はその手に触れることができる。天の暖かさを人間が知るのは、事実その手に触れてからである。大地の耕される可能性は、天の光が地に落ちて来るということがあるからである。それゆえ宗教は、親しく大地の上に起臥《きが》する人間、——即ち農民の中から出るときに、もっとも真実性を持つ」（前掲書四五頁）。

大地において私たちは、真に超越者（天）との交わりに入ることができる。この大地の具体性を通して、私たちは無限の慈悲の光を受け取る、つまり宗教的生命に深く触れるのである。そしてこの生命は個体において働く。「大地の霊とは、霊の生命ということである。この生命は、必ず個体を根拠として生成する。個体は大地の連続である。大地に根をもって、大地から出で、また大地に還る。個体の奥には、大地の霊が呼吸している。それゆえ個体にはいつも真実が宿っている」（前掲書四九頁）。大地において現出する霊性の生命は個体の内に宿る。この個体とは何かについて大拙は明言していないが、文脈からして個体とは個人、つまり大地を耕し大地に生きる農民であり大地に根をもった武士であった。そして、その最も霊的個体性を顕しているのが彼らと共に土にまみれ生活した親鸞であった。

「大地の生命を代表して遺憾《いかん》なきものは親鸞聖人《しょうにん》である。聖人は、法然上人《しょうにん》のもとで他力の大義に大悟徹底したが、その大悟をして大地に連絡をつけたものは、彼が北国に流され、関東に漂白してからの生活である。もし親鸞聖人にして地方に流浪すること幾年でなかったなら、純粋他力に徹し能《あた》わなかったのである。——地方における生活、大地に親しき生活は、彼をして弥陀《みだ》の大悲をいよいよ深く体験せしめたものに相違ない」（前掲書五八頁）。

彼が観念的な公家文化の京都ではなく、大地の上に大地とともに生きている越後のいわゆる僻地の人々の間で寝食を共にし、「彼らの大地的霊性に触れたとき、自分の個己を通して超個己的なるものを経験したのである」（前掲書九〇頁）。こうして大地性に生きることを通して霊性に触れ、自己が超自己なることを彼は確信したのである。

「親鸞の宗旨の具象的根拠は大地にある。大地というのは田舎の義、百姓農夫の義、知恵分別に対照する義、起きるも仆《たお》れるも悉《ことごと》くここにおいてするの義である。親鸞宗の大地はその宗教的意義即ちその霊性的価値である。この価値は京都公卿的上皮部文化からは出てこない。――親鸞は、どうしても一個の百姓男として、他の百姓の間に伍《くみ》して、静かに念仏の生活を生き抜かんとしたものと考える」（前掲書九二―九三頁）。

こうして彼の念仏は空念仏ではなく実念仏となった。大地に接触し大地とともに生きる念仏であった。「彼は実に人間的一般の生活そのものの上に如来のご恩をどれほど感じ能うものかを、実際の大地の生活において試験したのである」（前掲書九五頁）。この大地と霊性の関連の実証が、大拙の霊性についての確信でもあった。しかし大拙は、ただ大地性、その実証性のみを語るのであり、なにゆえに大地性が霊性を喚起するのかについての論理的探求はしていない。

親鸞は先駆者、沙弥教信《さみきょうしん》や鈴木正三道人《しょうさんどうにん》のように一百姓として大地に生きた、大地に抱かれた。「一個の百姓男として、他の百姓の間に伍して、静かに念仏の生活を生き抜かんとした」のである。

彼の「振り上げる一鍬《くわ》、振り下ろす一鍬が絶対である。弥陀の本願そのものに通じていくのである。否、本願そのものなのである」（前掲書九六頁）。この実証性が霊性を喚起したというのが大拙の説明である。
こうして大地を生き抜いた個の実存がその信仰を空念仏としてではなく、実念仏としたのである。これが京都の文化・生活の中では十分には生まれない活ける霊性の実証的・具体的な宗教的世界を現出させたのである。(34)

5　個霊と超個霊

大拙は、霊性を個霊と超個霊に分け両者の関係から霊性の特徴をさらに明らかにしようとする。

「感覚や感情も、それから思慮分別も、もともと霊性の働きに根ざしているのであるが、霊性そのものに突き当たらないかぎり、根無し草のようで、浮動的境涯の外に出るわけにはいかない。これは個己の生活である。個己の根底にある超個の人にまだお目通りが済んでいない。この超個の人が〈本当の個己〉である。『歎異抄』にある〈弥陀の五劫思惟の願をよくよく案ずれば、ひとえに親鸞一人《いちにん》がためなりけり〉という、この親鸞一人である。真宗の信者はこの一人に徹することにより、日本的霊性の働きを体認するのである」（前掲書八六頁）。

これまで日本的霊性は十分な具体性を持っていなかったが、親鸞において、個己が超個己との接触・融合により自らの存在の根源に目覚めたのである（前掲書九〇頁）。
個己の一人ひとりが超個己の一人に触れて、前者の一人ひとりが「親鸞一人のために」の一人になるのである。

「宇宙の大霊は、超個己の一人は、歴史的時間の推移に連れて、その中に静止する個己の霊性の最も受容性に富んだものの上に、自らを反映するものであると。それゆえ偉大な個霊は、宇宙霊すなわち超個霊の反射鏡であると言ってよい。偉大な個霊の動きを見ていると、超個霊の内容が読み取られると言ってよい。親鸞聖人の偉大なる個霊はこれを成し得たのである」（前掲書一二〇頁）。

「親鸞一人がためなり」という一人は個己的一人ではない。一人は超個己的一人で、中心のない無限大円環の中心に形成するところのものである。霊性的自覚は、この中心のない中心を獲得するときに成立する。そのとき「天上天下唯我独尊」の一人者となるのである。それが真実の個己—超個己の自己限定である。個己でない個己という矛盾がすなわち最も具体的事実として獲得せられるのである。

「個霊は超個霊と直截的《ちょくさい》に交渉を開始する、いかなる場合でも媒介者を容れぬ。それでその直覚は、超個霊の個霊化でなくてはならぬ。個霊は個霊でしかも個霊でない。それゆえに個即超個《こそくちょうこ》、超個即個でなければならぬ。即心即仏《そくしんそくぶつ》は非心非仏《ひしんひぶつ》で、非心非仏は即心即仏であるというのはこの故に他ならない。霊性的直覚は、最も具体的であるから最も個己的である。そしてそのゆえにまたもっとも抽象的で普遍的である。それは一人の直覚である。周辺のない円環の中に、中心のない中心を占めていることの自覚である。これが親鸞の日本的霊性によりて表現せられると、〈弥陀の本願はただ親鸞一人がためなり〉ということになる」（前掲書一三七頁）。

日本的霊性のもう一つの特徴は、浄土真宗のみに認められた絶対者の絶対悲（あるいは無縁の大悲）の面である。

「いかなる罪業も因果も悉く絶対者の大悲の中に摂取せられていく」。これが親鸞の超個霊感である。この「超個己の霊性を体得した親鸞一人こそ、日本的霊性の具現者である」と大拙は語る。そう「自分は信じるのである」という彼の強い確信でもあった。「日本的霊性は親鸞の個霊を通して、その面に大悲者自体を映し出さしめたのである。大悲者を知らない霊性は、霊性の真実にまだ目覚めていないのである」（前掲書一二二頁）。日本的霊性は親鸞にして初めて真の霊性を体現したのである。

個己の精神能力はそれが個己であるかぎり真実のあり方をなさない。それらが真実のあり方をするためには個己が超個己とつながっていなくてはならない。「宇宙の大霊は、超個己の一人は、歴史的時間の推移に連れて、その中に静止する個己の霊性の最も受容性に富んだもののうえに、自らを反映する」のである。そうして最も霊的な受容性つまり霊的感受性に富んだものは、歴史に現れた「宇宙霊すなわち超個霊の反射鏡である」という。この偉大な個霊として彼は親鸞をあげている。超個霊が個霊に自らを反映させるのであるが、霊性的自覚としては個霊が超個霊を自覚することであり、ここに彼の言う、個即超個、超個即個の霊的関係が成立する。親鸞の言う「弥陀の本願はただ親鸞一人がためなり」の「一人」はこの霊的関係にある自己を指すのである。さらに言えば、超個霊の個霊化であり、超自己の自己限定である。弥陀の本願が超個霊であり、親鸞一人が超個霊を含んだ個霊ということになる。

個の霊性が真の霊性となるためには、超個の霊性、宇宙霊を内に含むものでなければならない。そこに私たちの霊性は弥陀の本願、絶対者の大悲に包まれていることを感じるのである。大拙がしばしば「直覚」と表現しているのは、個の自覚、つまり超個霊の個霊における自覚である。(35)

6　自然法爾

大拙は、個即超個、超個即個の霊的体験の境地、絶対者の大悲の中に摂取された世界を親鸞に従って自然法爾《じねんほうに》と語る。

「親鸞は罪業からの解脱を説かぬ、すなわち因果の繋縛《けいばく》からの自由を説かぬ。それはこの存在―現世的・相関的・業苦《ごうく》的存在をそのままにして、弥陀の絶対的本願力の働きに一切を任せるというのである。そうしてここに弥陀なる絶対者と親鸞一人との関係を体認するのである。絶対者の大悲《だいひ》は、善悪是非を超越するのであるから、こちらからの小さき思量《しりょう》、小さき善悪の行為などでは、それに到達すべくもないのである。ただこの身の所有と考えられるあらゆるものを、捨てようとも留保しようとも思わず、自然法爾にして大悲の光被《こうひ》を受けるのである。これが日本的霊性の上における〈神《かん》ながら〉の自覚に他ならない。日本的霊性のみが、因果を破壊せず、厳正の存在を滅絶せずに、しかも弥陀の光をして一切をそのままに包皮せしめたのである」（前掲書一一七頁）。

罪業を克服しようとする私たちの個々の努力は、罪業の運命的な深淵さゆえに、いかにしても達成しがたいものである。そこに弥陀の大悲に自己のすべてを委ねるという境地、大悲の無限光に自己を無意図にさらすことによって、罪業のある身がそのままで弥陀の手の中に包まれるのである。

「この世の生活が罪業と感ぜられる。そうしてその罪業がなんらの条件もなしに、ただ神の一念で、絶対に大悲者の手に摂取せられるということを、われらの現在の立場から見ると、その立場がそのままそれでよいと肯定されることなのである。すなわちこれは自然法爾である。只茂《しも》の禅である、無義の義である、神ながらの道である、言挙《ことあ》げせぬことである、〈ひたぶるに直《なお》くなんありける〉その直心《じきしん》そのものである、〈人間のさかしら〉を入れない無分別の分別である。計較情謂《けきょうじょうい》を絶した、はからいなき赤き（赤裸々、浄灑々）心の丸だしである。が、ここにまたひとつの概念が加わる。それは絶対の大悲ということである。この大悲に包まれて、心は赤きを得るのである。不立文字《ふりゅうもんじ》が可能となるのである。神ながらは神ながらで、いまひとつの飛躍または横超があって、ここに日本的霊性の姿がその純真のままに認められるのである」（前掲書一一八頁）。

自然法爾の思想、それは「この世の生活が罪業と感ぜられる。そうしてその罪業がなんらの条件もなしに、ただ神の一念で、絶対に大悲者の手に摂取せられるということを、われらの現在の立場から見ると、その立場がそのままそれでよいと肯定されること」である（前掲書一一七頁）。これこそ日本的霊性における「神ながら」の自覚である。弥陀の絶対的本願力の働きに一切を任せるという。ただそれは絶対者の大悲によって包まれることにより成立する。一切は包摂され、そのまま肯定されるという。この考えは日本的霊性の姿がその純真のままに現れたものである。霊性はその頂点において、弥陀の絶対の大悲を感得し、まさに弥陀の大悲と一体となること、そこに自然法爾の世界が実現されているのである。

だが私たちはこの世界にストレートに達することができるであろうか。弥陀の大悲を素直にひたすらに信じきることだけで、自然法爾の世界に達することができるのであろうか。実はそこには、この世界に達するために経なければならない大きな関門がある、というのが大拙の考えである。その関門が乗り越えられて初めて霊性が私たちのうちに自覚され、そして働き出すのである。

7　否定道と霊性

大拙はその関門を次のように語る。

「霊性の働きは、現世の事相に対しての深い反省から始まる。この反省は、ついには因果の世界から離脱して永遠常住のものをつかみたいという願いに進む。業の重圧なるものを感じて、これから逃れたいという願いに昂《たか》まる。これが自分の力でできぬということになると、自分を業縁《ごうえん》または因果の束縛から離してくれる絶対の大悲者を求めることになる。

業の重圧を感ずるということにならぬと、霊性の存在に触れられない。これを病的だという考えもあるが、そうであるなら、その病気に取り付かれて、そうして再生しないと、宗教の話や霊性の消息は、とんとわからない。霊性はいっぺん何とかして大波に揺られないと、自覚の機縁がないのである」（前掲書八四頁）。

現世への深い反省、業の重圧、人生の大波という、いわゆる限界状況を私たちが自ら体験することによって初めて霊性への自覚が生じるのである。

「感性的あるいは情性的直覚が霊性的直覚に入る途は、否定のほかにないのである。花が紅《くれない》でなく、美しいが美しいでないということが一遍ないと、花は本当に紅でない、美しいが本当に美しいでない。それで霊性的直覚の現前するには、穢《けが》れが単なる穢れでなく、地獄決定の罪業にならなくてはならぬ。赤い心が真っ黒になって、天も地もその黒雲に閉ざされて、この身の置き所がないということにならなくてはいけない。神は正直の頭に宿るだけでは未だしである。その神もその正直心も清明心もことごとく否定せられて、すべてがひとたび奈落の底に沈まねばならぬ。そうしてそこから息吹き返し来るとき、天の岩戸が開けきて、天地初めて春となるのである」（前掲書一二五頁）。

つまり、絶対者の絶対愛がここに働くのである。この絶対愛は、その対象に向かってなんらの相対的条件を付さないで、それをそのままにそのあるがままの姿で、取り入れるというところに、日本的霊性の独自な働きがある。善を肯定し悪を否定するのが、普通の倫理であるが、ここでは、「善をも否定し悪をも否定して、しかるのち、その善を善とし、その悪を悪とするのである。しかも絶対愛の立場からは、善も悪もそのままにして、いずれも愛自体の中に摂取して捨てないのである」（前掲書一二六頁）、いわゆる無辺の大悲である。

「絶対愛の中に摂取せられるときは、善も悪もそのままにしておくのである。否定即肯定、肯定即否定という矛盾の論理が、絶対愛すなわち無辺の大悲という面にもまたあてはめられて妥当なのである」（前掲書一三八頁）。

「業の重圧を感ずる」というのが霊性の自覚の条件である。「感性的あるいは情性的直覚が霊性的直覚に入る途は、否定のほかにない」と大拙は語る。「霊性的直覚の現前するには、穢れが単なる穢れでなく、地獄決定の罪業にならなくてはならぬ」という徹底した否定の道がその条件である。だがそこに霊性の直覚によって絶対者の絶対愛が感得され、「善も悪もそのままにして、いずれも愛自体の中に摂取して捨てない」ということになる。これは先ほどの自然法爾の世界であろう。

霊性はその否定道を通過して初めてその姿を現すものであり、この霊性によって再びすべてが肯定されるという絶対愛の世界・自然法爾の世界が真に感得されるのである。

霊性は本来私たちに属するものであるのか。あるいはプロチヌスのヌース（一者からの精神的諸能力）のように、宇宙霊から発したものなのか。この点を大拙は明確には語っていない。

ただ明らかなことの一つは、個霊は大霊を写す鏡のようになって、真の個霊、普遍的な個霊となるということである。もし個霊が個霊のみであり、大霊との接触を持たないとしたら、それは個霊としての十全な働きをすることなく、たんなる有限な精神的諸機能のレベルに落するものであり、精神的諸機能を活性化することもできないであろう。個霊は大霊と一つとなって真の個霊となる。

大霊が個霊を通して日本の歴史に現出したのが親鸞である。弥陀の大悲を感得することによって、初めて私たちはこの世界すべてがそのままに肯定され、感謝を持って受け入れられるのである。これが自然法爾であり、大拙の霊性的自覚ということであろう。よって霊性とは弥陀の大悲、大霊の絶対愛を感じる私たちの宗教的能力ということになるのであり、そうして私たちは真の自己に目覚めるのである。

第二は、霊性は霊魂のような、なにか実体的なものではない。精神的諸能力を活性化させる働きであるが、それ以上に私たちに宗教的世界を気づかせる能力であるということである。大拙にとって宗教的世界とはどのようなものか。それは前述した大霊、宇宙霊に支えられた世界であり、具体的には自己の罪業性の深い自覚から、弥陀の大悲を感得し、喜びと感謝、平安と安らぎを得るものである。それはもはや個己の限られた世界に囚われるあり方ではなく、超個の世界にある個であり、自然法爾といったものである。私たちはこの世界を本来のものとして、自らの内に霊性を深く自覚することにより、この大霊の世界に近づくことができるのである。

第三章

「霊性の宗教」の可能性

第一節　霊性の普遍性——ティリッヒと大拙

これまで『組織神学』第三巻を中心に、ティリッヒの霊性論の存在意義とその内容を吟味してきたが、さらに、宗教の普遍性という観点から霊性が現代のキリスト教や他の宗教にとってどのような意味を持つのかという問題について考察すべきと思われる。

その際、同様に霊性を論じ、それが宗教の本質を捉えるのに不可欠であると語るのが前述した仏教学者鈴木大拙であった。彼はその著『日本的霊性』の中でその働きや特徴を語る。彼が、「霊性を宗教意識と言ってよい。——宗教については、どうしても霊性とでも言うべき働きが出てこないといけないのである、即ち霊性に目覚めることによって初めて宗教がわかる」（鈴木大拙『日本的霊性』岩波文庫一七頁）と述べているように、彼の霊性を主題とした宗教的世界の論述はティリッヒの霊性論に関する先ほどの問いに答えるのに適切な資料と思われる。

そこで、両者が共に言及している霊性の四つの特徴（語義上の問題、人間と神の霊、宗教的法悦、霊性の体現者）を考察することから前記の問題を考えたい。

１　語義から

第一章で述べたように、ティリッヒによると spirit という言葉は「息」「風」を意味するヘブライ語の ru'ach あるいは n^{e}shāmāh、ギリシア語の πνεῦμα に由来するものと言われている。日本語では霊とか霊性あるいは精神と訳されている。

この霊性は次の聖書の箇所

「主なる神は土の塵で人を形づくり、その鼻に命の息を吹き入れられた。人はこうして生きる者となった」(創世記2：7)、「神の霊が私を造り、全能者の息吹が私に命を与えるのだ」(ヨブ記33：4)、「イエスは娘の手を取り、『娘よ、起きなさい』と呼びかけられた。すると娘は、その霊が戻って、すぐに起き上がった」(ルカによる福音書8：55)。

などから推察できるように、生命性を基本的な特徴とする。やがて、この霊性がmind(心)、intellect(知性)という意味にシフトしていった。そこでは霊性と肉体が分離し、元来霊性に含まれていた力の要素が失われ、知性的要素がその中心となった。よって生きた現実の力が表現されず、知的抽象的側面に限定されたのである。こうして、霊性の豊かな内容を捨象する傾向が強められ、霊性は肉体に対するものとしての精神へと狭められた。さらにその精神から意志や感情が分離され、たんなる認識機能として、理性や知性とほとんど同義となってしまった。だが、元来霊性は理性と異なりエロースを含み、情熱を含み、想像力を含んでいる(STⅢ, pp.21–24)。

ティリッヒにとって霊性とは、たんに人間の諸能力に並ぶ一能力ではなく、それらすべてを含む豊かな能力であり、しかもそれは生命を与え活動する生ける力である。

一方、大拙によると、霊性と類似の概念である精神が肉体と対をなすことで二元論的なものとみなされるのに対して、霊性はそれらを超えるものであると言う。「精神を物質に対峙させるのではなく、精神と物質との奥に、いま一つなにかを見なければならない」。大拙は精神を霊性に近い用いられ方をする概念としてあげてはいるが、精神は物質と対峙する概念であり、いわゆる対象論理的な概念である。これに対して、霊性はそれら二つの奥にあり両者を包括・融合するものとして、対象論理では捉えられない主客の彼方にある世界であり、高次の能力である。つまり霊性とは、精神の四つの能力（感性、情性、意欲、知性）に続く第五の能力ではなく、それぞれの精神的作用をその「真実性」において感受させる働きである（鈴木大拙、前掲書、一六頁）。こうして霊性は四つの能力がその真の働きをするよう、それらを背後で支え高める隠れた働きなのである。

ティリッヒの霊性が精神的諸能力をすべて含む生きた現実の力であるのに対して、大拙の霊性は精神の諸能力を真に活動させ活性化させる根源的な力である。こうしてそれぞれの霊性は他の精神の諸能力との関係で異なるとしても、精神では到達しがたい宗教的深みに関与しうる能力という点で通底していると考えられる。

2　人間の霊性と神の霊（個霊と超個霊）

ティリッヒは神を存在自体として捉え、神学は存在論であるとしている。そこで、彼は人間の存在構造に関わるアプリオリな「存在論的諸要素」、「存在論的諸概念」、「存在論的諸カテゴリー」を明確にすることから存在論的神学を構築し、それを神の問題に適用することで神的世界を明らかにしている。その中で特に、「存在論的諸要素」（個別化と参与、力動性と形式、自由と運命）は霊性を構成するものとして、その諸要素間の関連を述べることで霊性をも存在論的に解明しようとする。

ティリッヒは「人間の内に働く霊性」を「力 power と意味 meaning との統一である」と定義する。ここに「力と意味」として示された霊性の二つの特徴・働きは、車の両輪のように相互に支え補う関係にあり、存在の基礎的な諸要素を内容とし存在を構成するものである。霊性とは、力と意味のどちらか一方のみに偏ったのでは非存在の不安となる人間存在に対して、「力と意味」がバランスよく統一されたものである。そうして初めて、存在論上対峙する両者が適度に保たれ、有限な状況の中で存在自体を十全に現すことであり、これが霊性の働きである（STⅢ, p.111）[1]。

これに対して「神の霊」については次のように述べられている。

「神が霊であるということは、霊としての生命が神的生命をあらわす包括的象徴であることを意味する。それはすべての存在論的諸要素を含んでいる。霊は意味がそれによって生きる力であり、また霊は力に方向を与える意味である。霊としての神は力と意味の究極的統一である」（STⅠ,p.250）。

人間の霊性が不完全な分裂しがちな霊性であるのに対して、神の霊はすべての存在論的諸要素を含む完全な霊であり、力と意味の究極的統一である。両者の関係は、神の霊が人間に入ることによって神の霊を自己の内に「内なる言葉」として感じるというのである。そうして神の霊に導かれることにより、人間の不完全な霊性が昇華され高まり、人間霊性本来の力を覚醒し、最終的に神の霊と一つとなるのである。それは神の霊が人間の霊性に乗り移るようなものである。この状態を彼はエクスタシー（ecstasy）という。

一方、大拙において霊性は、ティリッヒのように霊性の内容が存在論的構造から考えられているのでも、また人間の霊性と神の霊との明確な対比において展開されているのでもない。ただ彼は個霊と超個霊（宇宙霊）との対立を前提としながら霊性のあり方に迫ろうとする。つまり彼は両者をそれぞれ明確に言及するのではなく、個霊が超個霊を表す鏡となることにおいて個霊が真の個霊として働く、つまり十全なあり方をするという個霊の論述に力点をおく。「宇宙の大霊は、超個己の一人は、歴史的時間の推移に連れて、その中に静止する個己の霊性の最も受容性に富んだもののうえに、自らを反映するものである」（鈴木大拙、前掲書、一二〇頁）。

個の霊性が真の霊性となるためには、超個の霊、宇宙霊を内に含むものでなければならない。そうして私たちの霊性は弥陀の本願、絶対者の大悲に包まれていることを感じるのである。大拙がしばしば「直覚」と表現しているのは、この自覚、つまり超個霊の個霊における自覚である。この世界がいわゆる自然法爾である。

このようにティリッヒが霊性を存在論的に解明している点は大拙との大きな違いであるが、両者とも霊性を人間の霊性と神の霊という二つの霊性の関係で論じている。つまり、

（ア）神の霊が人間の霊性に関わることによって人間の霊性が高められる。

（イ）神の霊が人間の中に入ること、つまり両者が一体となる、あるいは大霊を内に含む個霊、個霊が大悲に包まれることで真の個霊となる。

（ウ）ここから神的境地、いわゆる宗教的な法悦が語られている。

これらの点で両者が共通していることは明らかである。

3　エクスタシーと自然法爾

ティリッヒにとってエクスタシーは、霊性がその通常の状態を越えて出るという意味において異常な精神状態である。だがそれは理性の否定ではない。そこでは理性が自己の彼方にあること、すなわち主観―客観的構造の彼方にある状態である。自己の彼方にある理性は自己を否定するのではない。「エクスタシー的理性」もやはり理性である、というのが彼の立場である。理性は非合理的または反合理的なものを受容するのではなく、有限的合理性の

基本的状態、すなわち主観―客観的構造を超越する。これは神秘家が禁欲や瞑想によって目指したものである（ST I,p.112）。

このように私たちが神の霊によって捕えられた（私たちが神を利用するために捕えるのではなく）ときに生じる心のあり方、つまりエクスタシーは認識の主観―客観構造を破壊するのではなく、それを超越する。それは理性を破壊するのではなく、超理性（エクスタシー的理性）となるというのがティリッヒの主張である。人間の霊性が神の霊によって捕えられた状態、それはまた理性がエクスタシー的理性となった状態である。ティリッヒの表現で言えば「神律」である。

エクスタシー的理性にある霊性の状態は認識のレベルで主観―客観構造を超えた、あるいは主客未分離の世界に働く能力である。それは私たちの認識が主観―客観に分かれることによる有限化に囚われない、神の霊によって捕えられた状態である。つまり、私たちの日常の認識構造が昇華し神の意識に近づくことである。

一方、大拙にとってはこのエクスタシーにあたるものが自然法爾である。大拙は個即超個、超個即個の霊的体験の境地、絶対者の大悲の中に摂取された世界を親鸞に従って自然法爾と語る。

「この世の生活が罪業と感ぜられる。そうしてその罪業がなんらの条件もなしに、ただ神の一念で、絶対に大悲者の手に摂取せられるということを、われらの現在の立場から見ると、その立場がそのままそれでよいと肯定されることとなのである。すなわちこれは自然法爾である。――が、ここにまたひとつの概念が加わる。それは絶対の大悲ということである。この大悲に包まれて、心は赤きを得るのである。不立文字が可能となるのである」（鈴木大拙、前掲書、一一八頁）。

自然法爾、それは私たちの思議を絶した不可思議の世界、文字で表現できない不立文字であり、無分別の分別として働く霊性の世界である。そうして私たちの有限な世界がそのままにして絶対者の大悲に包まれている状態、私たちが実存的な状況にありつつ、そこに「弥陀の絶対的本願力の働きに一切を任せる」ということを体得する能力、これが大拙のいう霊性、特に親鸞の日本的霊性の働きである。

宗教的法悦の世界は理論理性によってではなくエクスタシー的理性によって表現され、日常の論理ではなく不立文字によって表される世界である。ティリッヒと大拙は共に日常の論理を超えた論理を、しかし日常の論理を無視・破壊するのではなく、それをより高次の立場で活かす霊性の論理を語る。

4　イエスと親鸞

イエスがどのようにキリストとなったかをティリッヒは霊性の立場から次のように語る。「神の霊はキリストとしてのイエスにおいてダイレクトに（without distortion）現臨した。彼において、新しき存在が、過去と未来におけるあらゆる霊性的経験の規準として現れた。彼の人間としての霊性は、個人的・社会的諸条件に制約されたけれども、霊の現臨によって全く捕えられていた（entirely grasped, vollkommen ergriffen）。彼の霊性は神の霊に憑かれていた（possessed）。つまり、神が彼の内に存した。このことが彼をキリストとした」（STⅢ,p.144,S.171）。神の霊がダイレクトに現臨し、全く捕えられ、憑かれた状態にあることによりイエスはキリストとなった。つまり神が彼の中に存在し、神と一体となる。これがキリストである。

さらに神の霊的働きをより広い意味に解して、神の霊によってイエスのみではなく人間も「神の子」となる可能性を語ったのがパウロである。

「神の霊 πνεῦμα θεοῦ があなた方に宿っているかぎり、あなた方は肉ではなく霊の支配下にいます」（ローマ人への手紙8：9）。(2)「神の霊によって導かれるものはみな神の子なのです」（ローマ人への手紙8：14）。「あなた方の体は神からいただいた霊が宿っている神殿」（コリント人への第一の手紙6：19）。

私たちの内に宿る神の霊によって私たちも神の子であることが根拠づけられるのである。私たちは神の霊が宿る場所、神殿である。つまり私たちの内に神の霊が働くのである。よって私たちは神の子であり、「神の相続人、しかもキリストと共同の相続人」である（ローマ人への手紙8：17）。

神の霊がイエスを全く捕えたことによりイエスはキリストとなった。キリストは神の霊の完全な体現者である。私たち有限な存在はこのような完全な体現者にはなれないが、神の霊に部分的に捕えられることにより、神の子なのである。つまり、神の霊が私たちの霊性に入り込むことにより私たちの霊性が覚醒され、私たちは神の霊を宿す神殿、あるいは神の子、神の相続人となるのである。この意味でイエスと私たちとは同一線上にあり、神の霊はイエスのみではなく私たちにも同様に注がれているのである。(3)

一方、大拙にとっては「宇宙の大霊は、超個己の一人は、歴史的時間の推移に連れて、その中に静止する個己の霊性の最も受容性に富んだもののうえに、自らを反映するものであると。それゆえ偉大な個霊は、宇宙霊すなわち超個霊の反射鏡であるといってよい。偉大な個霊の動きを見ていると、超個霊の内容が読み取られるといってよい。親鸞聖人の偉大なる個霊はこれをなしえたのである」（鈴木大拙、前掲書、一二〇頁）。霊性の最も鋭い親鸞において、超個霊が歴史的に現出しえたのである。これを大拙は日本的霊性の第一の特徴とする。

「個霊は超個霊と直截的に交渉を開始する、いかなる場合でも媒介者を容れぬ。それでその直覚は、超個霊の個霊化でなくてはならぬ。個霊は個霊でしかも個霊でない。それゆえに個即超個、超個即個でなければならぬ」（前掲書、一三八頁）。親鸞の個霊はたんなる個霊ではなく、超個霊を担う個霊、超個霊の個霊化である。

さらに大拙は日本的霊性の第二の特徴として、絶対者の絶対悲をあげる。「いかなる罪行も因果もことごとく絶対者の大悲の中に摂取せられていく」。これが親鸞の超個霊観である。この「超個己の霊性を体得した親鸞一人こそ、日本的霊性の具現者である」。そう「自分は信じるのである」という強い確信をもって大拙は語る。「日本的霊性は親鸞の個霊を通して、その面に大悲者自体を映し出さしめたのである。大悲者を知らない霊性は、霊性の真実にまだ目覚めていないのである」（前掲書、一二二頁）。日本的霊性は親鸞にして初めて真の霊性を体現したのである、というのが大拙の立場である。大拙は超個霊の歴史的展開として日本的霊性を語るが、その特徴は大悲にあるという。そしてそれを自覚的に体現したのが親鸞であるというのが彼の確信であった。

個己の精神能力はそれが個己であるかぎり真実の働きをなさない。それらが真実のあり方をするためには個己が超個己とつながっていなくてはならない。「宇宙の大霊は、個己の霊性の最も受容性に富んだもののうえに、自らを反映する」のである。そうして最も霊的な受容性つまり霊的感受性に富んだものは、歴史上親鸞である。親鸞は「宇宙霊すなわち超個霊の反射鏡である」。超個霊が個霊に自らを反映させるのであるが、霊性的自覚としては個霊が超個霊を自覚することであり、ここに彼のいう、個即超個、超個即個の霊的関係が成立する。超個霊の個霊化であり、超自己の自己限定であり、親鸞を通してその個霊化という形で歴史に現れたのである。

超個霊を最も強く感じる霊性を持った親鸞こそ、超個霊を最も的確にこの世に現出させた者である。霊的感受性の不十分な私たちにとっては、大悲者を十分には捉えられない、霊性の真実になかなか目覚めない。しかし実存的契機（業の重圧）によってこの真実に目覚めることにより、私たちも超個霊の世界に入ることができるのである。

ここにイエスと親鸞の類似性がみられる。親鸞の場合、歴史上最も霊的能力を持ったものゆえに大拙はこれを超個霊の反射鏡、あるいは超個霊の個霊化と語る。イエスの場合、それは完全に神の霊に捕えられたもの、神と一体となったものである。共に神的世界を体現しているという意味で両者は同一にみえるが、親鸞が最高であるのに対しイエスは完全である。この最高と完全という言葉の持つ内実上の差に両者の相違があり、そこから多少性急ではあるが次の二つの方向が考えられる。

最高と完全の相違を質的に全く異なるものとみなした場合、最高は現状での、この世界での一番を指すものであり、相対的な一番であるのに対して、完全は時空を超えて欠如のないことであり、すべて備わっていることである。ここに歴史的な最高者としての親鸞と永遠の完全者としてのキリストとの相違が明確となる。この完全性という特徴がイエスをして救い主（キリスト）、三位一体の神的位格、贖罪者、審判者としての性格を根拠づけていると考えられ、伝統的なイエス観に連なる。

これに対して、最高と完全の相違を量的にのみ異なるものとみなした場合、最高と完全とは同一次元にあり、その間には連続性が認められ本質的な相違はない。ここで重要なことは、超越的なものからすべてのものへの霊性の恵み（降り注ぎ）である。その恵みを受けとる量によっては、私たち「霊性を有する有限な人間」も「超個霊の体現者・親鸞」や「神の霊と一体となったキリスト」と等しくなる可能性が考えられる。つまり、私たちも神の霊を受けとるその度合いにより親鸞やキリストの境地に近づく可能性があるのである。ここに諸宗教に通底すると考えられる「霊性の宗教」への道が浮上する。(4)

第二節　「霊性の宗教」に向かって

1　諸宗教と霊性

ティリッヒと大拙の霊性に関する共通の特徴を四点にわたって考察することで、それぞれキリスト教と仏教の相違を踏まえつつも、それらに共通しているあるものを捉えることができたと考える。それはキリスト教と仏教に共通な人間的霊性と神的な霊の存在である。

つまり、ティリッヒにおいても大拙においても私たちは神の霊や大霊を感受する霊的能力、つまり霊性を持っているということ、この霊性によって神的な霊を感受する（正確には神的霊によって感受させられる）ことから私たちに神的な霊の体得が起こり、そこに宗教的世界が自覚されるということである。この自覚の極地がエクスタシーであったり自然法爾であったりするが、共に同一の境地を語っている。そしてそのような境地を歴史上体現したのがキリストとしてのイエスであり、あるいは親鸞であり、彼らはそれぞれの時機にこの世界に出現したのである。そうして私たちもまた神の霊の働きに自らを委ねることによって、イエスや親鸞の境地に近づく可能性が現出してきたのである。

神の霊が時代を超えてあまねくいつでも誰にでも降り注ぎ、私たちは自らの霊性によってそれを感受することで常に神の子となる可能性がある。そこで、キリスト教の霊的働きはキリスト教のみの特権ではなく、いわば「霊性の宗教」という共通概念からキリスト教をみることが必要と考えられる。

同様のことは大拙の説く仏教にも当てはまる。大拙は霊性の普遍性を次のように述べている。「宗教意識の覚醒は霊性の覚醒であり、それはまた精神それ自体が、その根源において動き始めたということになる……霊性は、それゆえに普遍性をもっていて、どこの民族に限られたというわけのものでない。漢民族の霊性もヨーロッパ諸民族の霊性も日本民族の霊性も、霊性であるかぎり、変わったものであってはならぬ」（鈴木大拙『日本的霊性』二〇頁）。大拙は仏教だけではなく神道、そしてヨーロッパの諸宗教においても霊性がその内に働いていると語る。

神の霊が時代を超えてあまねくいつでも誰にでも降り注いでいるという、この霊性の普遍性に関してティリッヒは次のように述べる。

「霊の現臨 Spiritual Presence は、あらゆる瞬間において人類に働きかけ、ある種の大いなる瞬間において、人類に突入する。それが歴史的カイロイである」(STIII,p.140)[5]。絶対的なキリスト教の唯一の啓示の出来事であるカイロスではなく、神的な霊性が世界の諸宗教において出現する相対的なカイロイ（時機、カイロスの複数形）ということで、まさに神の霊が歴史上各種の宗教の中に具体的に現れ働いていると解すべきである。

「原始的なマナの宗教は、すべて存在するものの深みにおける霊の現臨を強調するように見える。この神的能力はすべてのものに宿っているが、不可見であり、神秘的であり、規定的な祭祀によってのみ接近することができ、特定の人間のグループ、すなわち、祭司たちによってのみ知られる。

他の例は偉大な神話の宗教であって、インドやギリシアの神話のようなものである。神的諸力は実存の世界を部分的に、また全体として、支配はしているけれども、それから分離している。それらの顕現は、物理的にも心理的にも、異常に現れる。つまり、霊の現臨が自己を顕示するとき、自然と精神がエクスタシー的となる。

宗教の神話的段階においては、世俗化され、魔神化された諸形体と戦う諸勢力が現れ、霊の現臨の受容を、いくつかの方向で変革する。ギリシア的・ヘレニズム的・密儀的祭祀（mystery cults）が、その例を提供する。そこでは神的なものが密儀神の具体的姿において表現されている。密儀的要素が、通常の多神教における以上に強調され、それは世俗化に陥りやすい。さらに神の運命にエクスタシー的に参与するという考え方は、一つの型を提供し、それは一神教的なキリスト教によって、キリストにおける霊の現臨の経験を表現するために用いられている」(STⅢ,pp.141-142)。

こうしてティリッヒは、歴史上霊の現臨が世界中のそれぞれの場所でそれぞれの時というカイロイにおいて現出した諸事例を語る。つまり、霊の現臨はキリスト教のみではなく、他の諸宗教もそれに対応して起こっているというのが彼の主張である。

霊の現臨経験の二つの最も重要な例として彼は、「アジアならびにヨーロッパにおける神秘主義とユダヤ教とそれに基づく排他的一神教」をあげている(STⅢ,pp.142-143)。[6] ここでいうアジアにおける神秘主義とは仏教を、排他的一神教とは主にキリスト教、さらにはイスラム教を指すものであろう。

霊の現臨はすべてのものへ、しかしそのカイロイにおいて、種々の共同体や宗教に働くものである。そしてこの神的な霊の働きは、ティリッヒがペンテコステの出来事をその典型的な例としてあげているように、実体的な「聖霊」としてよりも、神の属性のようにその特徴・働きの面に重点がおかれ展開されている。[7]

この霊によって捕えられた共同体を彼は霊的共同体という。

2 霊的共同体

ティリッヒは神の霊があまねく及んでいる共同体を霊的共同体として、さらにそれを顕在的共同体と潜在的共同体という二つの共同体のあり方から説明している。前者はキリストの「新しい存在」を信じ告白する信仰者の群れであるのに対して、後者はキリスト以前の準備段階において人類全体に対し潜在的に神の霊が働いている場合である。つまり、

「イスラエルの民の集いの中に、預言者の諸派の中に、神殿の共同体の中に、パレスチナの、また散らされたユダヤ人の会堂に、また中世と近世のユダヤ教の会堂の中に、潜在的霊的共同体がある。イスラム教の礼拝共同体の中に、モスクの中に、神学校の中に、またイスラムの神秘主義的運動の中に、潜在的霊的共同体がある。かの偉大な神話の神々を拝む共同体の中に、密儀的祭司集団の中に、後期古代世界の密儀教の中に、ギリシア哲学諸派の半ば科学的、半ば祭祀的共同体の中に潜在的霊的共同体がある。アジアおよびヨーロッパにおける古典的な神秘主義の中に、またそれらの神秘主義的宗教から生まれた修道院的な、また半ば修道院的なグループの中に、潜在的霊的共同体がある。霊の現臨の、したがって霊的共同体の衝撃は、すべてこれらの中に、そのほか多くのものの中に働いている」(STⅢ,p.154)。

そして、霊の働きおよびその結果である霊的共同体の特徴については、『使徒言行録』のペンテコステの出来事に明確に現れているという。

①　霊的共同体の創造のエクスタシー的性格。霊の現臨におけるエクスタシーと組織との統一をこの出来事にみる。

②　新しき存在の担い手の十字架の死によって脅かされ、壊滅しかけた信仰の創造。霊の現臨が彼らを捕え、彼らの信仰を再確立した後に、霊的共同体が顕現した。

③　愛の創造、つまり相互扶助。愛によって創造された奉仕の光に照らされた、自己献身の愛が霊的共同体をなす。

④　一致の創造。霊の現臨は異なった個人、民族、伝統の人々を結合する能力を持ち、人類のすべての疎外されている成員の究極的再結合において霊的共同体は成立。

⑤　普遍性の創造。それは霊の現臨によって捕えられた人々の人類全体への宣教の衝動(STⅢ,p.151)。エクスタシー、信仰、愛、一致、普遍性、これらすべての要素は霊的共同体の特徴であると同時に霊性そのものの特徴でもある。そうして、それらはキリストとしてのイエスイメージから、換言すればキリストに現れた「新しき存在」から引き出されたものである。つまり頭としてのキリストと体としての霊的共同体、花婿としてのキリストと花嫁としての霊的共同体、霊的共同体の主としてのキリストのイメージなど、象徴的に表現される(STⅢ,p.152)。

ここに一見キリスト教のみについての論述のように思われるが、霊自体がすべての場面に働いているという点から考えて、神の霊はキリスト教にかぎらず、すべての宗教共同体の中に働いている。そしてこれらはやがてキリストの共同体へと目的論的に関係する、というのがティリッヒの立場である。つまり、

「これらのグループは、それの顕示における霊的共同体に、目的論的に関係づけられている。それらのグループは、キリスト教会の宣教と行動によって、キリストが彼らにもたらされると、彼を拒否するけれども、無意識的には、キリストへと駆り立てられているのである。こういう形でキリストが現れると彼らは反対するが、そのことによって彼らは教会よりもよりよく霊的共同体を代表しているかもしれないのである。彼らは霊的共同体の名において、教会の批判者となるかもしれない。そしてこのことは、世界共産主義のような、反宗教的、反キリスト教的運動についてさえも、真理なのである」(STⅢ,pp.154-155)。

このようにティリッヒはこれら諸宗教を霊性のもとに並列的に位置づけ考えるのではなく、ある種の目的のもとに統一的に考えている。つまり、潜在的共同体は無意識的にキリストに向かって目的論的に設定されているのである。これは、カール・ラーナーの「無名のキリスト者」の立場に近いものであろう。[8]だが、それはやはりキリスト教中心主義ではなかろうか。この両者の関係を、「キリスト教が弁証法的関係において他宗教を完成するものとする」(藤倉恒雄『ティリッヒの組織神学研究』新教出版社一九八八、一九一頁)というように好意的に解釈することも可能であろうが、はたしてこのような解釈でキリスト教の優位性から発する諸問題が解消できるであろうか。

3　「霊性の宗教」

(a)　サクラメントの特徴

そこでティリッヒはさらに一歩を進めて、諸宗教に共通基盤(本質的な要素)を措定することで、そこに諸宗教間の対話を成立させ、そうすることで歴史的宗教を超えた普遍的な宗教の可能性を語る。そのことをティリッヒは最晩年の著作で、キリスト教を含むすべての宗教がそれを目ざし、それに統一される普遍的な宗教と位置づけ、それをためらいつつも「(具体的)霊性の宗教」The Religion of the Concrete Spirit と名づけている。そこには本質的な要素として三つのものがあるという。

その一は、「普遍的宗教の基盤は、有限なるものの中における聖なるもの(the Holy)の経験である。有限なもののいたるところに、聖なるものはその特殊な仕方で現れる。私はこれをすべての宗教のサクラメンタルな基盤と呼ぶことができた。その神秘的な特徴にもかかわらず、このあちこちにある聖なるものを見たり聞いたり触れたりすることができる。それなしには宗教団体は道徳的な団体となってしまう」。聖なるものはその神秘性、超越性にもかかわらず、否、それゆえに私たちの世界にサクラメントとして象徴的に現出している。

二は、「サクラメンタルなものの魔神化に対する批判的動きである。つまり、聖なるもの、究極的なもの、一者はその具体化、多様化を越えている。その特殊は究極的な一者のために否定されねばならない」。サクラメンタルなものの特殊化、具象化が陥りやすい破壊的な魔神化に対して、常に批判的精神を持たねばならない。

三は、「宗教経験における倫理的、預言者的要素である。ここではサクラメンタルなものが魔神化するという理由で批判される。これがサクラメンタルな宗教に対するユダヤの預言者たち全体の戦いであった」。しかしティリッヒはこの第三の要素に対しては消極的である。「サクラメンタルな、神秘的な要素なしには、宗教は道徳的で有限な世俗のものとなってしまう」とも述べているからである〈MW6〈MainWorks 6,W de G, The Significance of the History of Religions for the Systematic Theologian1966〉pp.436-438〉。つまり聖なるものが魔神化しないためにも道徳的要素は不可欠であるが、それが強調されると宗教の神秘性が失われ世俗化してしまう。

これら三つの要素は有限における無限(聖)の顕現というサクラメンタルなものに関係している。つまり、サクラメンタルなものの神秘性と象徴性、サクラメンタルなものの魔神化への批判、サクラメンタルなものへの倫理的制約である。この後二者は同じ方向にあることから一つと考えると、サクラメントはその神秘性と倫理的秩序への制約という二つの要素にまとめることができる。

そしてこれらを要素とする宗教が「霊性の宗教」である。換言すれば、「霊性の宗教」はこの二要素を持つサクラメンタルなものをその本質としていると言ってよいであろう。

(b) 霊とサクラメント

ここでサクラメンタルなものと霊との関係を確認しておく必要がある。ティリッヒは『組織神学』第三巻で次のように語っている。「神学的伝統によれば、霊の現臨は言葉とサクラメントを通して働く」(STⅢ,p.120)。「霊の現臨はサクラメント的要素なしには受け取られえない」(STⅢ,p.122)。こうしてサクラメントは霊を媒介するものであり、神の霊に対して私たちはサクラメントによって関わることができるのである。

またサクラメントはその特徴から考えて象徴と同様の働きをなし、霊を示すものであろう。ティリッヒ自身「サクラメント的素材はサイン (sign) ではなく、象徴である」(STⅢ,p.123) と明確に語っているし、彼が「サクラメンタル象徴は物でもサインでもない、それはそれが象徴するものの力に参与する。それゆえそれは霊の媒体となりうる」(STⅢ,p.123) として「サクラメンタル象徴 (sacramental symbol)」という言葉を使っていることからも、神的な象徴をサクラメントと同一と考えることができよう。[9]

さらに彼はサクラメントを意味上三つに分類する。「最も広い意味では、それはそこにおいて霊の現臨が経験されたすべてものを示す。より狭い意味では、そこで霊的共同体が霊の現臨を経験する特定の対象や行為をさす。最も狭い意味では、それを行うことによってその霊的共同体が自己を実現する、ある種の『大』サクラメントを示す」(STIII,p.121)。霊の普遍性が想定されるとするなら、ここに彼の「最も広い意味」でのサクラメント解釈が、サクラメントの普遍性、つまりすべての宗教にサクラメントの内在することを語るものであろう。よって、すべての宗教へのサクラメントの遍在は、サクラメントが宗教に不可欠・本質的なものであることを示す。そうしてサクラメントが霊の媒体・表現形態であることから、霊自体がすべての宗教にとって不可欠・本質的なものということがここでも確認できる。

ところでティリッヒは、このことが最も明確に表れているのがパウロの霊性についての論述であるという。

「これら三つの要素の総合と私が呼んでいるものをパウロの霊性論以上によく表現しているものはないと私は信じている。そこには二つの根本的な要素、エクスタシー的要素（アガペーとグノーシス）と理性的要素との結合があるからである」(MW6,p.437)。

パウロの語る霊が聖書のどこをその拠り所として論じているのかティリッヒは明言していないが、別の書物での彼のパウロについての論述がその箇所を示していると考えられる。[10]

「福音的使信の最初の媒介者たちは、霊の担い手であるいわゆる霊の人であった。しかし私たちがコリント人への第一の手紙から、特にその第12章から知ることができるように、パウロは〈霊の賜物を持つ人々〉の問題に直面していた。この人々は教会内に動揺を引き起こしたからである。そういうわけでパウロは、霊だけでなくそれとともに秩序を強調したのである」（『キリスト教思想史Ｉ』ティリッヒ著作集別巻二、大木英夫・清水正訳、白水社一九八〇、五五頁）。

Ｉコリント12章をみると、

「兄弟たち、霊的な賜物については、次のことはぜひ知っておいてほしい。神の霊（πνεῦμα θεοῦ）によって語る人は、だれも〈イエスは神から見捨てられよ〉とは言わないし、また、聖霊（πνεῦμα ἅγιον）によらなければ、だれも〈イエスは主である〉とは言えないのです。賜物にはいろいろありますが、それをお与えになるのは同じ霊です。一人一人に霊の働きが現れるのは、全体の益となるためです。ある人には霊によって知恵（σοφία）の言葉、ある人には同じ霊によって知識（γνῶσις）の言葉が与えられ、ある人にはその同じ霊によって信仰、ある人にはこの唯一の霊によって病気をいやす力、ある人には奇跡を行う力、ある人には預言する力、ある人には霊を見分ける力、ある人には種々の異言を語る力、ある人には異言を解釈する力が与えられています。これらすべてのことは、同じ唯一の霊の働きであって、霊は望むままに、それを一人一人に分け与えてくださるのです。……あなたがたは（霊によって――著者挿入）、もっと大きな賜物（愛・ἀγάπη――著者挿入）を受けるように熱心に努めなさい」。

ここでは霊の神秘的・非理性的な賜物（知恵、知識、信仰、病気をいやす力、奇跡を行う力、預言する力、霊を見分ける力、異言を語る力、異言を解釈する力）が、それぞれ全体の益となるようにある種の調和・秩序のもとに、つまり理性的な秩序のもとに与えられている。そこでパウロの霊性についての叙述には、霊の働きの二つの相反する特徴（神秘性・非理性と秩序・調和）が語られているとみることができる。

さらにこの二つの特徴が前述したサクラメントの二要素にも連動することは明らかである。つまり「霊性の宗教」の特徴であるサクラメントの二要素、サクラメントの神秘的な力が魔神化し破壊的となるのではなくその倫理的秩序との調和にあるということが、ここでパウロの語る「神秘性・非理性と秩序・調和」に対応するわけである。

つまり、霊の現臨においてはエクスタシーを体験するが、その内実は、アガペーとグノーシスによって代表されるというのがティリッヒのパウロ解釈であろう。さらにそれらの霊的な賜物が全体の益となるような秩序におかれているということで、ここに二つの特徴がみられるのである。そうしてこれが「霊性の宗教」のサクラメントの二要素を根拠づけているのである。

それは『組織神学』第三巻におけるティリッヒの霊性の定義、つまり「力と意味の統一」にも対応しよう。力（その内実としての活力）が霊性の神秘的な力に、意味（その内実としての形式）がその倫理的秩序に相当する。[11]

こうしてティリッヒによれば、彼の霊性論そして「霊性の宗教」は、それに本質的なサクラメントの相反する二要素がパウロの霊性論と共通であることにより、パウロによって根拠づけられたということである。

（c）霊性の宗教

ではサクラメントをその本質的な内実とする普遍的宗教（具体的霊性の宗教）と個々の歴史的宗教とはいかなる関

係にあるのか。

ティリッヒは、どんぐりがどんぐりの木となることを内的目的としているように、諸宗教の歴史の内的目的はこの「(具体的) 霊性の宗教」となることである、あるいは、すべての宗教は「霊性の宗教」をその内的目的として動かされているという。ここに前述した「潜在的共同体は無意識的にキリストに向かって目的論的に設定されている」という『組織神学』第三巻のキリスト教を最終目的とする立場とは、その内容を大きく異にしていると考えられよう。なぜなら、「霊性の宗教」が霊とサクラメントをその本質的特徴とし、またその特徴がすべての宗教に内在するという立場からすると、「霊性の宗教」はキリスト教のみをその基盤、対象とするのではなく、すべての宗教をその対象とするわけである。そうして、既成の諸宗教はこのニュートラルな「霊性の宗教」に向かっての目的論的統一として位置づけられる。「私たちはこの具体的霊性の宗教をいかなる現実の宗教とも、たとえキリスト教とさえ同一視することはできない」とティリッヒが語っているように、キリスト教と一線を画した「霊性の宗教」に向かってキリスト教を含むすべての宗教が対等に並んでいる、と考えるべきである (MW6,p.437,439)。[12]

ティリッヒが譬えとしてあげたどんぐりとその木の例は、アリストテレスの質料と形相の関係にその原型をみることができる。そうであるとすると、個々の宗教が質料として、形相としての「霊性の宗教」を目ざすという図式となることは明らかである。換言すれば、個々の宗教はその内に「霊性の宗教」となる核を萌芽の形で有するということである。霊性が不十分な形で現れたのが個々の歴史的宗教であり、それが完全な形でしかし理念として現れるのが「霊性の宗教」である。

こうして、キリスト教を含むすべての宗教が普遍的な「霊性の宗教」に向って関わることにより、宗教間の真の対話が可能であるという。その前提条件をティリッヒは四つあげている。

①対話する両者が互いに相手の宗教的確信の価値を認める
②それぞれの宗教的基礎の確信のもと、対話が真剣な対決となる
③その対話が一致と反対を可能ならしめる共通の基盤を前提とする
④お互いに向けられた批判に対して、双方の寛容性を前提とする(MW5,p.313)

この中で彼が③の「共通の基盤」と語っている点に注目したい。それは具体的に何を意味するのかは明言されていない。ティリッヒ研究者が語るように、それは学的には宗教学あるいは宗教哲学、特にティリッヒの場合は宗教現象学と存在論的人間学に基づく類型論と考えられるが、[13]より実存的には、私たちの霊の体験、諸宗教に共通に内在する霊の現臨とサクラメントを指すと考えられよう。

つまり、霊の現臨とサクラメントが「共通基盤」としてすべての宗教に本質的に内在するのである。宗教が宗教である以上は霊の現臨とサクラメントを含むことが必然なのであり、これを含まない宗教は十全な形での宗教とはならないのである。

この点をティリッヒ研究者S・ヴィトシェールは、サクラメントにおける宗教体験の観点から次のように語る。

「広い意味でサクラメントは、神的霊が経験される制限された現実である。ティリッヒはサクラメント概念をキリスト教のみに要求したのではなく、それぞれの宗教に適応する。すべての宗教においてサクラメント的要素が存在する」(Sturm Wittschier,Paul Tillich,seine Pneuma-Theologie,Glock und Lutz Nürnberg,1975,S.113)。

ヴィトシェールの指摘からも明らかなように、普遍的な「霊性の宗教」に本質的な霊、サクラメントが諸宗教に

「共通基盤」として内在することによって、諸宗教がそれぞれ対等な立場に立つことができる。そうすることで宗教間の対話を通して、内的な霊性をその原動力として、諸宗教は「霊性の宗教」の実現の可能性を自らの内に望むことができ、「霊性の宗教」に向かっての歩みがなされるのである。

よって個々の宗教と「霊性の宗教」との関係は、アリストテレスの質料と形相のような関係と考えられる。そして、霊の現臨の普遍性のもとでキリスト教の優位性の問題、他宗教との対立の問題が克服され、すべての宗教が真の普遍的宗教を内に含む開かれた宗教として、共存と宥和の世界が実現すると考えられよう。

そして、ティリッヒが歴史的宗教の特殊性を超えた、霊性による宗教の普遍性を主張した背景には、キリスト教の唯一性・絶対性から結果したその排他性にあったと考えられる。キリスト教の排他的絶対性の主張の代表的なものとしてカール・バルトがあげられている。「カール・バルトに従うと、キリスト教の具体化であるキリスト者の教会はかつて現れた、すなわちイエス・キリストに現れた唯一無二の啓示に基づいている。……バルトの統率のもとでヨーロッパのキリスト教の諸教会はナチズムとのいかなる妥協も不可能とした。しかし、この成功した防衛のために支払われた代価は、ヒットラーの時代の後、世界中の諸宗教や擬似諸宗教との出会いから発生してくる新しい状況に対して、ヨーロッパのプロテスタント指導者たちの大部分を盲目にしてしまった、神学的かつ教会的偏狭さを身につけてしまったのである」（MW5〈Christianity and the Encounter of the World Religions,1963〉p.307, 丁野政之助訳『キリスト教徒仏教徒・対話』桜楓社一九六七、参照）。こうして晩年のティリッヒは特に、バルトに代表される20世紀後半のキリスト教会の排他性が生んだ不幸な結果からキリスト教を救いその本来の寛容さを回復することを願ったのであろう。そこで普遍的な世界宗教形成への道、そのための「共通の基盤」として、すべての宗教に内在的な霊性の働きを語ったと考えられるのである。

ティリッヒは、宗教の宿命であるかのごとき排他性とドグマ化そしてファンダメンタリズムを克服し、人類の救いという宗教の未来の大きな役割の可能性を各宗教・個人に内在する霊性の復権に期待したのである。今こそ私たちは、霊性を体得し実践した先駆者たちの歩みを学びつつ、自らの内にある霊性を目覚めさせそれを強化することで、宥和と共存と癒しの霊的世界の実現に努めるべきではないであろうか。

【註】

はじめに

(1) ここで使用したティリッヒのテキストは英語版　Paul Tillich, Systematic Theology (略ST), I (1951) II (1957) III (1963), The University of Chicago Press,1976を主とし、ドイツ語版 Paul Tillich, Systematische Theologie, I II III ,Walter de Gruyter/Berlin/NewYork,1987をも参考。邦訳は『組織神学』第一巻　谷口美智雄訳　第二巻　谷口美智雄訳　第三巻　土井真俊訳（新教出版社）を参照。聖書からの引用は日本聖書協会新共同訳を主に使用。

(2) ティリッヒも小文字のspiritと大文字のSpiritを分けて使用しているように、小文字のspiritを〈人間の〉霊性、霊あるいは精神、大文字のSpiritを聖霊あるいは神の霊と訳す場合が多い。ここでは慣例に従って前者を「霊性」と訳し、後者はその神的な働きを明記するために「霊」とした。ただ、ティリッヒのspiritを霊性と訳すとspirituality（スピリチュアリティ）を何と訳すかが問題となる。だが両者に内容上の相違はあまりなく、ともに普遍的、包括的な概念と考えられることから同じ訳とする（鎌田東二『神道のスピリチュアリティ』作品社二〇〇三、二〇七―二〇九頁参照）。

(3) ティリッヒの説明によると、聖霊運動 Spirit-movementとは、「神の霊は媒介を必要としない。霊は人間の深みに住んでいる。霊が語る場合には『内なる言葉』を通して語る。内なる言葉に聞くものは、教会の啓示的伝承から独立して、新しい個人的な啓示を受ける」(STIII,pp.125-126)。ティリッヒは、霊の直接的な働きにより私たちが啓示を経験するというように、霊の働きを強調する立場を聖霊運動としている。この考えのルーツをティリッヒはルターの教説にみる。つまり「霊性そのものが、そこにおいて生の曖昧性が克服されている決断へと導く。霊が、人を律法の文字より解放して具体的状況への洞察と、この状況においてアガペーの招きに応じて行動する力とを与える」。律法の倫理的働きに重点を置くカルヴァンに対して、ルターはあくまでもエクスタシー的に霊の導きを強調する（STⅢ,p.229)。

（4）ティリッヒ研究者G・ヴェンツは、霊を述べている『組織神学』第三巻が、ティリッヒ神学全体の頂点であり、この霊性論から彼の多くの著作は考えられるべきと語っている（Gunther Wenz, Subjekt und Sein, Die Entwicklung der Theologie Paul Tillichs, Chr.Kaiser Verlag München,1979,S.236)。同様の主張はSturm Wittschier, Paul Tillich, seine Pneuma-Theologie, Glock und Lutz Nürnberg,1975,S.105

近年わが国においても、次のような霊性を中心とする本格的なティリッヒ研究の成果が公刊されている。藤倉恒雄『ティリッヒの神と諸宗教』新教出版一九九二、芦名定道『ティリッヒと現代宗教論』北樹出版一九九四、小野寺功『聖霊の神学』春風社二〇〇三、茂洋『ティリッヒ神学における存在と生の理解』新教出版二〇〇五。

第一章　霊性とその働き

（1）「はじめに」の註（2）でも述べたようにspirit（ドイツ語ではGeist）を「精神」と訳した場合、精神という語感が持っている観念的・知的な要素が前面に出てくる。そこで本論でも触れているように、活ける生命力という点を強調するため「霊性」と訳す(STⅢ,pp.21-22)。

（2）聖書学者・野口誠は、この息、つまりヘブライ語のru'achが旧約聖書で三七八回使用されているという。その働きは

1)風（創世記8：1、出エジプト10：13）

2)息、霊性。人間に対する神の超自然的な働きかけ（創世記1：2、エゼキエル2：2）

3)人間の生命の根源（創世記6：3、ヨブ27：3）

4)生物の生命（創世記6：17、7：15）

5)人間の情緒的心理（士師記8：3、ヨブ7：11）

などであるという。この中で2)と3)が重要であろう。2)は神の本質で、無から有を呼び出し、それを支え、いのちを吹き込む生命の根源である。3)は神の形に造られた人間のみに与えられている機能で、神と「我と汝」との関係で人格的に交わりを持つことができる能力である。その用法の中心は、人間への神の超自然的な働きかけにあることを指摘している（「新約聖書における聖霊」茨城キリスト教大学紀要、第十三号　一九七九、三〇頁）。

また玉城康四郎は比較思想の立場からやはり霊性の特徴を五つあげている。

第一は、超越的なものが己自身に顕わになる
第二は、直接経験すべき何かあるもの、しかもそれは説明を超えたものである
第三は、根源的転換における経験の究極・核質である
第四は、生命の中の生命、純粋生命である
第五は、人間の自然的態度はこれに背馳している

（『比較思想論究』講談社一九八五、四五八頁）

両者共に「生命力」を霊性の主要な働きとしている。

一方、新約学者の荒井献は、人間の「霊性とは、イエス・キリストを介して働きかける神の霊に応答し（共振し）、人間の身体的・精神的・社会的領域をダイナミックに根底的に支える次元に即して形成される生のあり方。この次元は垂直的には神礼拝、特に祈祷と瞑想によって強化されるが、それは同時に、水平的には人間の人間らしい生のあり方を拒む社会的不正・差別に対す

る批判を先鋭化する」として、第二章に述べるP・ティリッヒや鈴木大拙に近い立場を語る（『初期キリスト教の霊性』岩波書店二〇〇九、四頁）。

（3）ルターの「霊、魂、体」の区分に関しては金子晴勇が詳細な研究をしている。（『人間学から見た霊性』教文館二〇〇三、四四―八五頁）金子は霊性の宗教的働きをルターを手がかりに論証し、霊性による神との神秘的な合一の可能性を語る点で同意するものであるが、さらにその場合の神の霊と人間の霊性との関連についてもさらに論及すべきと考える。この問題に関する私の解釈を第二章第三節で試みた。

（4）これらの論述に関しては藤倉恒雄が、精神を「知性、意志、知覚（五感）をも包括する意識を構成する機能」であると述べ、さらに霊性に関しては「この精神よりも一層優れた多元的な統括機能――人間の生命を構成している生理的、心理的、情緒的諸要素をも包括している総合的な統括機能として、いわば、生命の要、生命の座とする」と適切に語っている点をその拠り所とした（『ティリッヒの組織神学研究』新教出版社一九八八、一六四頁）。

（5）ティリッヒは霊性による救い（癒し）と魔術的なそれを祈りとの関係で明確に区別する。霊性によって決定づけられた祈りと魔術的な祈りの相違は、前者は、自己の人格的中心を神の前に持ち出そうとし、神による祈りの受容を受け入れる用意を待っている。後者は願望された目的に対する魔術的な集中にすぎず、神を自己実現に利用しようとするものである。そのような手段としての祈りの究極の目的は神でも、神との再結合でもなく、健康や富などの主観的なものであるからである（STⅢ,p.280）。

（6）山形孝夫はこの聖書の箇所がまさしく霊性に満たされることによる癒しの証であると語る。「聖霊の言語であるプネウマは、霊というより風とか〈大地の吐く息〉とか、そうした森羅万象を動かす不可視の力をさしている。このプネウマが、イエスの〈触る〉あるいは〈手をあてる〉という身体的動作を通して病人に移動するのだ。プネウマの移動自体は見えないが、身体動作がその移動を証明する。プネウマがイエスの手を通して、病人の体に移動するように侵入する。その瞬間、病人の体から、その支配者である悪霊が退散する」（「病と癒し」岩波講座『宗教と科学』八〈身体・宗教・性〉一九九五、九八―一〇〇頁）。このような霊性による救いの、象徴を超えた具象的解釈は注目すべきであろう。

（7）西谷啓治も同様の立場で神秘主義を語っている。彼はその体験について、「それの生命が吾々の内に生き、吾々がその生命に生かされ、その生命が私たち自身の生命となる、ということである」と語り、自己と他者（神）が生命的に一つである境地が神秘主義の立場であると述べている（西谷啓治著作集第三巻「神秘主義」創文社一九九六、二〇九―二一〇頁）。

（8）農耕と多産の神バアル崇拝のユダヤ社会への浸透についてマックス・ヴェーバーは次のように語る。「バール諸礼拝は、たいていの古代の諸農耕祭儀と同様に、最後まで狂躁道的であったし、またそれにとどまった。しかも特にアルコール的ならびに性的の狂躁道であった。多産のための麻薬療法的魔術としての農耕地の上でおこなわれる儀礼的性交、それと不可避的につながる性的乱婚をともなったアルコールとオーケストラによる狂躁乱舞――（これら）バール礼拝の特徴に対してこそ、純ヤハウェ主義の代表者たちの激情的闘争は向けられたのであった」（『古代ユダヤ教』（中）内田芳明訳、岩波文庫二〇〇五、四六九―四七〇頁）。

（9）ティリッヒは、霊性に対しての一面化、道徳化の歴史を次のように述べている。

カントは「人間精神における神の霊の現在の余地と、その脱我的な意味を認めようとしない。神性の神秘的現在は根本的に拒否される。カントの影響を受けたリッチュルにおいて、キリスト教史上における、神秘主義に対する最も激しい攻撃は、リッチュルと、この学派の最大の人物であるハルナックを含めて、その弟子たちによって遂行された。後に残されたものは有限性を一貫して強調するタイプの宗教であって、そこではただ道徳的命令だけが人間を動物的存在の上に引き上げるのである。道徳は彼に威厳を与える。そして、善と悪の闘争は、恵みと祈りというような要素が否定される道徳的な闘争である」（『近代プロテスタント思想史』佐藤敏夫訳、新教出版社一九七六、九一―九二頁）。

第二章　霊性の展開

（1）Paul Tillich, Theology of Culture, Oxford University Press,1959,pp.55-56（邦訳）ティリッヒ著作集第四巻『絶対者の問い』野呂芳男訳、白水社一九七九、参照。ティリッヒは象徴について一九二八年の論文「宗教的象徴」以来、多くの著作や論文で述べているが、ここでは彼の象徴論が明確に展開されている Theology of Culture 所収の論文 The Nature of Religious Language（宗教的言語の本質）をベースにし、必要な場合他の著作でこれを補った。

（2）P.Tillich, MainWorks・Hauptwerke- 略 MW4〈Das religiöse Symbol〉1987 deGruyter,p.214　このような象徴的立場から神についての注目すべき解釈がなされているが、ここでは主要な部分のみを紹介する。「象徴の超越的な関わりを端的に示すものは、神という言葉である。そこでは神について常に二つの仕方で、つまり非象徴的（究極の実在、存在そのもの、存在の根底、存在の力）、象徴的（すべての有限的な属性が最高の完全性において一致させられている最高存在）に語られている。もし神がただ存在そのものであるなら、私たちは神と交わりを持つことはできない。私たちは神との関係において、私たちの存在の最高の階層、すなわち人格として神と出会う」（P. Tillich,ST I,p.242）。

（3）P. Tillich, ST I,pp.108-110, ティリッヒの啓示についてのこのような論述は次のヤスパースの説明と同内容であり、啓示についての一般的理解と思われる。「神の私たちへの顕現は啓示といわれている。啓示は一般的に預言者たちを通して神がその要求を告知したり、使徒たちがイエスがキリストであると証言したり、教会や聖職者たちが、聖書は聖霊によるものとして神の言葉であると宣言することにより、私たちに示されている」（Karl Jaspers,Der philosophische Glaube angesichts der Offenbarung, R.Piper & Co Verlag München,1962,S.45, 54-55, 重田英世訳『啓示に面しての哲学的信仰』創文社一九八六、参照）。

（4）P. Tillich, ST I,p.122、ティリッヒは自己の神学方法論をここでは象徴的言語に対する意味論的解釈学的原理によるものと述べているが、やがてこれを発展させ現象学的・存在論的アプローチを語る（MW4,〈The Meaning and Justification of Religious Symbols〉1961,pp.417-418）。土井真俊はこのティリッヒの立場を「批判的現象学的実在主義」と呼ぶ。「ティリッヒ神学が存在論的立場に立つということは、神学が本来的に取り扱う事態、すなわち、人間存在にとって究極的に意味あるものとそれに対する人間の究極的関心との相関は、存在論的地平においてのみ認識されるものであることを意味する。そして、ティリッヒは、このような事態を取り扱いうる認識方法は現象学であると考える」（土井真俊『ティリッヒ』日本基督教団出版局一九六〇、五二―五三頁）。

（5）K・バルト「バルメン宣言・第一項」（松村重雄「バルメン宣言と日本基督教団信仰告白」『福音と世界』二〇〇五年五月号、二〇頁）

なお、すべてがキリストに基づくという考えは、一般にバルトの「キリスト論的集中」と言われるものである。「キリスト論がすべてを規定する。――神と神の救いの業についての人間のすべての認識だけでなく、世界の全現実をも規定する」（ツァールント『20世紀のプロテスタント神学・上』井上良雄監修、新教出版社一九七五、一三七頁）。

（6）深井智朗『認識と超越』（創文社、二〇〇四）第二章において、「人間はいかにして神を認識しうるか」をめぐるバルトとブルンナーの自然神学論争について、きわめて有意義な論述がなされている。

（7）カントは暗号という言葉を、その全著作中ただ一箇所で使用している。「道徳的感情との類似性に基づいた美感的判断のこのような説明は、あまりにもわざとらしすぎるように見えて、自然がその美しい諸形式において形象的（figürlich）に私たちに語りかけている暗号（Chiffreschrift）を正しく解釈したものとはみなされない」（I.Kant,Kritik der Urteilskraft (1790) ,PB.Auflage,S.153）。ここでカントは、理念としての自然美がさまざまな形象という暗号を通して私たちに示されていることを語る。また、ホーフマンスタールは『詩についての対話』（一九〇三）の中で、「動物のこれらの目を持って見られたものは実際の象形文字であり、それは神が世界の中に言葉で語ることのできないことを書き記したという生ける神秘的な暗号である。詩人はこれらの神的暗号を彼の作品の中で組み立てうるということは、詩人にとってなんと幸運なことか。……それらは言葉の能力を超えたところで解決する暗号である」（ホーフマンスタール選集三、富士川英郎、他訳、河出書房新社一九七二、五二頁）。彼は言葉で直接表現できない神的世界を詩という表現形態で表すことのうちに暗号の働きをみる。

ヤスパースはその著『シェリング』において、「超越者についての知の客体化は、存立し生起する客体的存在への実在化であるか、さもなければ、超越者の包括的現実性について多義的に語る暗号の客体化であるか、の区別である」（那須政玄他訳、行人社二〇〇六、二五五頁）と語り、シェリング哲学の内にある種の主―客分裂的な形態における客観との関わりで、超越者の客体化としての暗号を考えている。

ヤスパースにとって暗号とは、超越者そのものではなく超越者の言葉であり、それは人間の有限性という不可避的制約から結果したものであるとする。それゆえ、この世界に多様な形で現出する暗号（一、超越者の直接的言語、つまり世界の事物、体験、思惟の経験、二、伝達において普遍的になる言語、つまり神話、啓示、芸術、三、思弁的言語、つまり形而上学）を固定化したものとみなしたり、あるいは神性そのものとみなして（偶像化）はならず、暗号を暗号そのものとして私たちの実存から聞き、観、読むことであり、そこに初めて超越者に対しての真の接点が可能となる。（Karl Jaspers, PhilosophieⅢ,Springer-Verlag Berlin ,1932(1973) ,S.129-135）なおこれらの論述の根拠については次の参考書を参照。X.Tilliette, Sinn, Wert und Grenze der Chiffernlehre, Studia philosophica, 1960, S.393, L.Ehrlich, Karl Jaspers : Philosophy as Faith, U.of Massachusetts Press,1975,pp.139-141,

（8）記号の特徴についてヤスパースは、『啓示に面しての哲学的信仰』において、「記号とはなんらかの他者の定義可能な意義であり、そのものとして直接近づきうるものでもある。」（Der philosophische Glaube angesichts der Offenbarung 1962 〈pGO., R.Piper CO Verlag, S.157）と述べ、「定義可能性」ということからの一義性を述べている。また、同 Von der Wahrheit 1947, R.Piper CO Verlag,S.402f において、記号に関する一義性、有限性、意識一般のレベルでの働き等の特徴が述べられている。

（9）Cassirer は象徴について次のように語っている。「純粋な認識機能と並んで、言語的思考の機能、神話的・宗教的思考の機能、芸術的直観の機能についても、いかにしてこれらすべてにおいて、まったく特定の形態化――世界の形態化というよりはむしろ世界への形態化、つまりある客観的な意味連関、ある客観的な直観的全体像への形態化――が行なわれるのかが明らかになるような仕方で、それらを理解することが肝要なのである」。「言語や神話や芸術において私たちに立ち現れてくるシンボル的記号は、まず存在して、次にその存在を越えてさらに一定の意味を手に入れるというのではなく、その記号にあっては一切の存在が意味からはじめて生まれてくるのである。その内容はすべて完全に意味機能の一部になってしまっている」。このように Cassirer は象徴にその本質的あり方として、意味的機能、客観化の機能を語っている。『シンボル形式の哲学（１）』生松敬三、木田元訳、岩波文庫一九八九、三二、八一頁

（10）北野裕通、前掲書、二一四―二一五頁において同様の展開がなされ、私のこの部分の解釈は彼の論述内容を参考とした。

（11）この部分は Ehrlich も同内容の展開をしている。L.Ehrlich,a.a.O.,p.160

（12）P.Tillich, Theology of Culture, Oxford University Press,1959,p.57,59,60。さらに Tillich は、Tillich 自身が Cassirer の象

徴論を、神的なものの超越性を人間的文化的レベルに平均化してしまっているという批判的観点で語っている点に注目している。X. Tilliette,a.a.O.,S.396

(13) 近藤勝彦は、新しき存在と聖霊によるキリストとは内的関連にあるとして、次のように語る。原始キリスト教の霊的キリスト論とティリッヒの新しい存在を中心概念とする霊的キリスト論との結合は、「聖霊がイエスをキリストとした、あるいは聖霊がイエスの中にキリストを創造したというティリッヒの表現の中に示されてくる。ティリッヒによれば、イエスの人間としての霊が聖霊の現臨によって完全に捉えられ、そのことが人間イエスをキリストとする。すなわち新しい存在の決定的な具体化にするというのである」(『現代神学との対話』ヨルダン社一九八五、二二六頁)。

同様にS・ヴィトシェールは、ティリッヒのキリスト論の中心は、霊性神学であるとして次のように語る。「ティリッヒのキリスト論は彼の霊性論(Pneumatologie)なしには考えられない。根本的に彼のキリスト論はその霊性論により特徴づけられている。ティリッヒの霊性神学は彼の神学の最重要にして中心である」(Sturm Wittschier, Paul Tillich, seine Pneuma-Theologie, Glock und Lutz Nürnberg,1975,S.105)。

(14)「経験の神学」とは、神的な経験を神学の中心とする立場であり、フランチェスコ会派の、神学は認識主観の精神的諸実在への関与に基づく実践的知識である、また、アウグスティヌス会派の、存在(真理)自体の直接的認識という神秘的原理という考え方をその淵源とする。近世にはいりシュライエルマッハーはその神学方法論において、宗教とは「絶対依存の感情」であるとし、ここに経験神学の伝統的表現をみることができる。ティリッヒも自己の神学との関係から次のように語る。「人間の宗教経験が、組織神学の独立の源泉資料となりうるのは、人間がすべての宗教経験の源泉、人間における神的霊力と一体化する場合のみのことである。人間の霊性と彼の内なる神的霊とが一つである場合のみ、彼の経験は啓示的性格を持ちうる」(ST I,p.46)と語り、経験神学とティリッヒの神学との親近性を語る。

(15) この部分について玉城康四郎は比較思想の観点から、仏教のダンマとキリスト教のプネウマの働きの共通性を述べる。「ブッダの場合には、瞑想しつつあるゴータマにダンマが顕わになることによって、ゴータマはブッダとなったのである。いいかえれば根源的な目覚めが実現したのである。これに対してキリストでは、ヨハネによってバプテスマを受けたイエスに、天が開いて神のプネウマが現れるのをみて、満足した神の声を聞いている。すなわち、ブッタではダンマが顕わになることにより、キリストでは神のプネウマが現れることにより、それぞれの根源的な転換が実現したということができる」。そしてこの「ダンマや聖霊という超越的なものが己自身に顕わとなる」ことが、両者のみではなく「人間存在の目覚め一般の原型」であると、つまりその出来事は二人にのみ特殊なものではなく、すべての人に起こり得るという普遍性を語っている（『比較思想論究』講談社一九八五、四五三、四七六―四七九頁）。

（16）ただこれら霊の現臨の人間の主観的受容を説明するのに、「聖書が神的霊が人間の霊にin住み働いている比喩を採用する」。「神的霊の衝撃のもとで人間の霊は外に脱自的に立たされると比喩的に説明する」（『ティリッヒの組織神学研究』一六八頁）。ここで神の霊の働きをティリッヒは比喩として語っているというのが藤倉唯雄の解釈であるが、むしろこれはたんなる比喩ではなくティリッヒ自身の直接的な霊性体験をもとに述べたものであろう。「はじめに」で紹介したように、ティリッヒは自己内における「霊性の存在」への確信、聖霊運動の影響などからこのことが言い得る。その端的な例は、ヨハネによるイエスのバプテスマの出来事であり、まさにあの瞬間にイエスに神の霊が入り込み、彼は選ばれた神の子となったのである（STⅢ,p144）。

（17）ここで霊性に関し近藤勝彦は、キリストと霊性の関係を二重関係として捉え、次のように述べている。「二重関係とは、第一に聖霊はイエスより偉大で、イエスに先行し、イエスを創造し、イエスを統御する。この面でイエスは、聖霊の働きの果実とされる。しかし第二に、特にイエスの復活と高挙以後において、聖霊は復活させられ高挙させられたイエスの働きであり、聖霊はイエスによって派遣される」（『現代神学との対話』ヨルダン社一九八五、二一二頁）。

だがティリッヒは主に前者の視点からその霊性論を展開しているので、本論もこの方向で考えたい。

（18）G・ヴェンツも、「神の霊は人間の霊性を破壊するのではなく、その本質へともたらすものである。そして神の霊は人間の霊性を熱狂させ、その中に働き存するのである」と述べ、両者が対立するのではなく、神の霊への人間の霊性の依存関係、さらに前者によって初めて後者はその本来の姿・働きをなすことを述べている（Gunther Wenz, ibid.,S.242）。

(19) ティリッヒは『組織神学』Iにおいて、存在論的基礎構造を構成する三対の要素を語っている。つまり、個別性（人格性）と普遍性（参与）、動性（活力）と形式、自由と運命である。これらを簡単に紹介すると、

（1）個別性（人格性）と普遍性（参与）について、「個別化は特殊領域の諸存在の性格ではない。それは存在論的要素であり、したがってすべてのものの性質でもある。人間は完全に自己中心的であるのみならず、また完全に個別化される。個別的自己は環境に参与し、また完全に個別化した場合には世界に参与する。個別化が人格と称する完全な形式に達するとき、参与は交わりと称する完全な形式に達する。人は諸人格とのみ交わりを持つ。交わりは完全に中心性があり完全に個別性のある他の自己への参与である。関与は個人にとって本質的であって、いかなる個人も参与なしには実存しない。他の人格との出会いなしには人格は存在しない。人格は人格的出会いの交わりにおいてのみ生じる。個別化と参与性とはすべての存在水準において相互依存的である」（STI, pp.174-178）。

（2）動性（活力）と形式について、「あるものをしてそれが現在あるものたらしめているのが、形式である。形式はすべてなにかあるものを形成する。一方このなにかあるものが動性である。動性は存在するものとしても存在しないものとしても考えられない。それは非存在であり、存在の可能性であり、形式を有する事物とは異なった非存在であり、また純粋の非存在とは異なる存在の力である。動性と形式との両極は、人間の直接経験においては活力と志向性との両極的構造として現れる。活力は活ける存在の生命と成長とを維持する力である。人間の活力は彼の志向性と対照的な生命であり、またその志向性によって制約されている。人間の動性、創造的活力は無方向的な、混沌たる自己閉鎖的活動ではない。それは方向を持ち、形式を持つ。それは有意義な内容に向かって自らを超越する。活力と志向性は相互依存的である」（STI, pp.178-181）。

（3）自由と運命について、「運命の対極をなす自由は実存を可能にする構造的要素である。というのは、自由は存在の本質的必然性を破壊することなしにそれを超越するからである。運命とは世界に向かいつつ同時に世界に属している人間が自己をそこに見出すこの状況を指示する。自由は一機能（意志）の自由ではなく人間の自由、すなわち事物ではなく完全な自己であり理性的人間である存在者の自由である。自由は熟慮、決断、および責任として経験される。われわれの運命は、われわれの決断がそこから生

ずるところのものであり、われわれの中心ある自己性の不確定の広範な基盤である。運命は、自然と歴史と私自身とによって与えられ形成されたものとしての私自身である。私の運命は私の自由の基礎である。私の自由は私の運命形成に関与する。運命は自由の反対ではなく、自由の条件また限界を指す」（STI,pp.182-185)。

これらが対極的にそれぞれバランスをとって対峙しているかぎりではそれぞれの要素は十全に機能するが、それらが一方に偏し不均衡となったり、一方に吸収されてしまうと、対極性が破壊され、人間の存在自体が、無化、疎外の危機に瀕し、最終的に非存在に転落してしまう。

(20) ティリッヒは神学と存在論との関係を次のように語る。

「神学は存在論の諸概念をその神学的意義の観点より考察することができるし、またしなければならない。このような考察は神学のどの部分においても要求されるし、またそれが間接的に存在論的分析に影響を与えることも十分にありうる」（STI,p.164)。

「存在論的分析の第二の水準は存在の基礎構造を構成する諸要素を取り扱う。これら諸要素は基礎構造の両極的性格を分け持っていて、この両極性の故にこそ、それら諸要素は最高類概念とはなりえないで、諸原理となるのである。人は自然の領域を歴史の領域の傍ら、ないし外側に表象することができるが、しかし形式のない動性の領域や、普遍性のない個別性の領域は存在しない。それぞれの極はその対極に対応する限りにおいてのみ意味がある。これらの諸要素のうち、重要な三対が存在論的基礎構造を構成している。すなわち個別性と普遍性、動性と形式、及び自由と運命である」（STI,p.165)。

(21) 茂洋の「人間の霊性と神の霊との関係」に関する次の解釈は指針に富むものである。

「人間の側で生の次元としての霊の理解がなかったら、いかなる聖霊論も不可能である。どんなによい音楽でも聴く耳がなければ雑音にしかならない。人間の霊の中で豊かに捕らえられることがなければ、神の霊を受け止めることはできない。ただ、そうすると神の霊が人の霊そのものになってしまうのか、という問題が起こる。それに対して、神の霊が人間の霊に入り込むということは、実は神の霊がそこに留まっているということではなくて、神の霊がそこから人間の霊を導く drive ことである。この drive は〈推進していく〉という意味を持っている。そうせざるを得ない、そこへと思わず動いていく、というのが drive である。だから、人の霊と神の霊とが別個にある、というのではなく、神の霊が働くときには人間の霊がそこに導かれていく、推進されていく、ということになる。したがって私たちのような限りある命の中にある次元としての霊というのは、いつも、自己超越的である、ということになる」（『ティリッヒ神学における存在と生の理解』新教出版社二〇〇五、五八頁）。

（22）例えば、大林浩は『アガペーと歴史的精神』（日本基督教団出版局一九八一）の中で、ティリッヒが神を存在概念に置き換えて解釈することは、存在というものの本質的特性を徹底すると、神の存在を無規定化、空虚化して捉えることになってしまい、神そのものが無内容のものとなってしまう。このことは「神を人格的歴史的に捉えず、存在とか、存在そのものによって考えることに由来する」として、ティリッヒの立場に批判的である（一二二頁〜）。同様にネーレンベルクもティリッヒの存在論的神学が聖書の神の歴史性を明確に捉えていないと指摘する。「存在論的神学は神によって定められた我—汝関係の外側にあって、中立的である。存在論的神学においては神の行為と呼びかけの人格性と歴史性は薄れてしまっている。私たちに語りかけ要求し助ける人格的な神は、存在概念においては自らを顕すことが困難である」（Klaus-Dieter Nörenberg,Analogia Imagnis,Gütersloher Verlagshaus Gerd Mohn,1966,S.216）。

これに対してティリッヒの三位一体論にその積極的な意義を見出そうとするのが芦名定道『ティリッヒと弁証神学の挑戦』（創文社一九九五）である。彼は同様の方向にあるライ（Pan-Chiu Rai）の立場（ティリッヒの晩年の立場がキリスト中心から聖霊重視へ移行し、それが三位一体論で示されているとして、さらにそれを存在論的に解釈することによって、諸宗教間の対話の可能性を語っている）を紹介しつつ、「ティリッヒが伝統的なキリスト教の神象徴の実質を新しい歴史的状況に適切な形に表現すること（再象徴化）の意義と必然性を明確にし、その方向性を具体的に示した」（三〇一頁）という点にその積極的な意義を認めている。この解釈は私の今回の論述に際し指針となった。

（23）ティリッヒは三位一体論の歴史的な伝統についてはほとんど語っていない。しかし、彼の三位一体論がこれまでのそれと比較してどのような特徴があるのかを捉えるためにも、これまでの三位一体論の主だったものをみてみよう。

（a）聖書に述べられているキリストの神性、および聖霊の働きをめぐって、キリスト教会はそこに父なる神・子なる神・聖霊なる神の三者が区別されつつも同一の神であるという、いわゆる三位一体の思想を構築した。

万物を超越し且つ創造した父なる神は、罪人である人間に対しても限りない愛の行為をなすのである。すなわち子が父なる神によって地上に遣わされ人間となり、神と人類との和解を行う。さらに父と子が聖霊を遣わし、全人類を神の永遠の命に参与させるというものである。

だが三位一体の根拠となったのはわずかに次の聖書の言葉のみである。

マタイ28：18「私は天と地の一切の権能を授かっている。彼らに父と子と聖霊の名によって洗礼を授けなさい」

これをもとにキリスト教会は「使徒信条」や「ニカイア・コンスタンティノポリス信条」（三八一年）という形で三位一体の信仰告白を定式化していった。つまり、

> 私たちは、唯一の神、全能の父、すべての造り主を信じます。
> 私たちは、唯一の主、神の一人子、イエス・キリストを信じます。主は父より生まれ、父と同質であり、すべてのものはこの方によって造られました。
> 私たちは、主であり、命を与える聖霊を信じます。聖霊は、父と子から出て、父と子とともに礼拝され、崇められ、預言者を通して語ってこられました。

4世紀に活躍したカッパドキアの三教父やアタナシウスの思想がこの信条を基礎づけている。彼らによると、一なる神と父・子・聖霊の関係は、一なる（ギ）οὐσία（本質）、ラテン語のessentia（本質）、あるいはsubstantia（実体―他のものに依存せず、そのもの自体により存立する・アリストテレス）と三つの（ギ）πρόσωπον あるいは ὑπόστασις（自立存在、はじめはοὐσίαと同義であったが）であるが次第に後者が使用されるようになった。「一なる本質と三なる自立存在」つまり、父・子・聖霊という三つの自立存在は一つの本質（神性）を共有する同等の存在と解された（ヘンドリクス・ベルコフ『聖霊の教理』日本キリスト教団出版局二〇〇六、松村

克己、他訳一七七頁）。

そして自立存在相互の関係は、

父は「被造的でない存在」であり永遠から永遠へと存在
子は永遠において「生まれた存在」
聖霊は父と子から「送り出された存在」

（ティリッヒ著作集　別巻二、大木英夫、清水正訳、白水社一九八〇、一四一頁）

聖書や各信条に示された神とキリストと聖霊の存在は、その後西方教会（テルトゥリアヌス以来）において、hypostasis の実体的性格が多神論・三神論的傾向を生み、神の唯一性に抵触することから、これに代わって persona（πρόσωπον のラテン語）が使用されるようになり、ラテン語で「一つの実体、三つの位格（una substantia, tres personae）」と表現された。問題はこの persona（位格）をどのように解釈するかである。

元来 persona の意味は第一に、俳優が役のため舞台でかぶる仮面を、第二に役そのもの、さらに一般化され人の社会での役割を、第三に人の性格であるという。さらにこの時点では近代の人格概念が意味するような、道徳的、自律的な目的主体の意味を持つまでには至っていない。

ここではペルソナの第二の「役割」という意味が主に考えられるが、その場合、サベリオス主義の危険に陥ることから、これを克服するため種々の解釈がなされた。サベリオス主義とは、神は一つの実体ないし自存者であり、父、子、聖霊は啓示の段階と形式に応じて同一の性格を異なる名称もしくは啓示様態で表現したものにすぎない。旧約時代、神は創造者、立法者として父の様態で現れたが、人類の救いを行うため贖罪者なる子の様態で現れ、子の昇天後救いを全うするため生命の付与者として聖霊の様態で働き続ける。しかし受肉とともに父の様態、昇天とともに子の様態がその役割を終わったとする。こうして実体としての神の唯一性が強調され、父・子・聖霊は救済的意味でのみ様態として存続するものであるとして、それらの独自性・固有性が薄れてしまうのである。（北森嘉蔵『現代キリスト教講座』第一巻「三位一体」修道社一九五六、一六六頁、新カトリック大辞典三巻一〇六六頁）

（b）5世紀、アウグスチヌスは、三位一体において、父・子・聖霊の三者を表す言葉としてペルソナを、「他のものにおける部分、または性質ではなく、固有に存在するものである」（Con,1,1）と、その永遠の固有性を語りつつ、さらに実体論的観点からではなく関係概念として提出し、三神論やサベリウス主義を克服しようとしたのである。彼は、神性が唯一性と同時に三位に共通に存在すると述べ、さらにその三位を関係性の中で述べる、いわゆる、内在的三位一体論である（内在的三位一体論と経綸的三位一体論については北森嘉蔵の指摘に従った。北森嘉蔵、前掲書、一五八頁〜）。

父は子をもつからこそ父と言われ、
子は父をもつからこそ子と言われ、
聖霊は父と子から発出したものと呼ばれる。

（アウグスチヌス『三位一体論』中沢宣夫訳、東京大学出版会一九七六、一五七、一六八、二一九頁）

こうして、唯一の神性を有している三位の区別は、関係概念によるものであり、神の三位一体における神的な本質の統一性を損なうことなく、しかも各ペルソナはその固有の意味を保持しつつ成立するのである。

さらに「神は愛である」という聖書の言葉をその根拠として、アウグスチヌスは、この三者を、愛するもの、愛されるもの、両者を愛で結ぶものという愛の関係で表現している（前掲書二五二頁）。

そして、聖霊は二者を結びつける愛であるゆえに、

「聖霊によって父と子のペルソナは結合され、聖霊によって生まれたお方は生むお方から愛され、また生まれたお方は生みたもうお方を愛する」（前掲書一九二頁）。

聖霊は父と子が互いに一つとなり、交りをなさしめるものである。さらにそれを私たちに広げ、私たちが互いに交わる愛であり、私たちが友愛・兄弟愛で結び合うことを可能にする。さらに隣人に対しては隣人愛が可能となる。ガラテア人への手紙5：22「霊の結ぶ実は愛であり、喜び、平和、寛容、親切、善意、誠実、柔和、節制です」これらのことが私たちに、聖霊の位格としての特徴が愛であることを教えるのである。

（c）カルヴァンはアウグスチヌスと同様にpersonaの固有性を保ちつつ、このpersonaを「神の本質essentiaにおける存在様式subsistentiae (mode entis) であって、他のsubsistentiaeと関係を保ちながらも交流することのできない固有性によって区別されるもの」（カルヴァン『キリスト教綱要I』一三の六、渡辺信夫訳、新教出版社二〇〇七、参照）と定義し、三位一体論とは一なる神の異なった三つの存在の様式であるという。そうして実体論的なsubstantiaと区別することによって、その三神論的異端（多神教）を克服していくのである。

その内実は神の一なる救済現実を叙述する三つの方法・役割として、父（神）と子（キリスト）と聖霊の人格的な働きである、いわゆる経綸的三位一体論である。（「関係論的三位一体論」および「存在様式」に関しては、近藤勝彦『啓示と三位一体』教文館二〇〇七、一三九―一四六、一五一頁参照）

天地万物の創造者である父なる神が、罪と悲惨の中にある人間に向かって次第に深く迫り、「キリストの来臨によっていよいよ明らかにご自身を啓示されるのである」（カルヴァン、前掲書一三の一六）。キリストは「地上を支配する権能を父と共有する」のみでなく、さらに「罪の許しの職務のみならずその権能を持つことが認められた」（カルヴァン、前掲書一三の一二）のである。御霊は「万物のうちに力を注ぎ入れ、本質と生命と運動とを吹き込むことにおいて明らかに神的である」。さらに御霊は「神の深みまで究め、知恵と語る力を与える」（カルヴァン、前掲書一三の一四）。

こうしてカルヴァンによると人格は、存在の様式、三つの存在の仕方であるという。それは人格概念の役割的性格を持つものであるが、それは神の単なる三つの属性を表すものではなく、三つの位格の固有性に基づくものであることから（前掲書一三の四）、サベリオス主義を克服していると考えられる。カルヴァンの「存在様式」という考え方は、カール・バルトの「存在様態

Seinsweiseとしての人格概念」に近いものがあろう（近藤勝彦、前掲書、一三九、一五一頁）。

（d）ティリッヒの三位一体論は形式上は三位を関係概念から考える内在的三位一体論に近く、内容上は三位の働き、役割を強調する経綸的三位一体論に近いが、前者と異なり、存在カテゴリーから三位一体論を再構築している。また後者とも異なり三つの位格と人間の限界状況に面しての克服とを象徴的に捉えている。

（24）私たちが現存在として存在しているかぎり、状況の中にある存在である。その中で特にヤスパースは限界状況について、それは「私たちの現存在に関係する限り、究極決定的である。それは概観しえられない。私たちは、その背後にはもはやそれ以外の何をも見ない。限界状況は、私たちが衝き当たり挫折する壁のごときものである。それらは、私たちの手で変えられるものではない」（Karl Jaspers,Philosophie II,Springer-Verlag,1973,S.203, 草薙正夫、他訳参照）。このヤスパースの限界状況Grenzsituationがティリッヒのいう苦境predicament, Situationと、私たちの生にとっての運命的な状況、克服困難な状況などにより通底していると言い得るし、内容的にもティリッヒの「有限性」とヤスパースの「規定性」などほとんどが重なっている。よってティリッヒのいう苦境はヤスパースの限界状況と同内容と考えることができる。

（25）ambiguityについて茂洋の次の指摘は参考となる。「このambiguityという語はドイツ語のZweideutlichkeitの訳であって、反対語はEindeutlichkeitである。両義性と一義性という風に訳すこともできるが、一般的には、ambiguityは曖昧性とも訳される。しかしこれは本来二つあるうちどちらか決められない状態を意味している」（『ティリッヒ神学における存在と生の理解』新教出版社二〇〇五、五五頁）という茂氏の指摘を参考とし、「両義性」と訳した。

（26）ハイデッガーは有限性Endlichkeitについて、それを無との関連で、さらにそこから生ずる不安について語っていることからもティリッヒへの影響がみられる（M.Heidegger,Kant und das Problem der Metaphysik,F.am Main,1929（1973），S.231, 木場深定訳『カントと形而上学の問題』理想社一九七二、参照）。

（27）神の存在に関するティリッヒの立場について、芦名定道は詳細な論述をしており、多くの点で示唆されたが、彼は神の存在に関する推論の中心は神の存在論的論証であると語る。たしかにティリッヒは私たちの神への問い自体の内に神の存在の内在を語ろうとするものであり、その意味で従来の神の存在論的証明（神の完全性という属性に存在が含まれていることから神の存在を推論する）と同じであるとも考えられる（『ティリッヒと弁証神学の挑戦』二六一―二六四頁）。だが、ティリッヒは有限性から生じる不安を克服するものとしての勇気、さらにそれを根拠づけるものとしての神の存在の論証ということであるので、カント的にはむしろ神の宇宙論的証明（勇気という結果からその最終的な原因としての神を推論する）をより注目すべきと考える。

（28）茂洋は「新しき存在」を説明して、それは「決してイエス・キリストの出来事という一回かぎりのものではなく、どんな人間の中にもいつも新しい存在が創造される、――それが霊の働き」であると語っている（『ティリッヒ神学における存在と生の理解』新教出版社二〇〇五、六一頁）。

（29）スウェーデンボルグ研究の第一人者高橋和夫は、大拙が若きころスウェーデンボルグの翻訳や紹介を通しての影響の下、彼の「霊性」という言葉の由来について次のように述べている。

「人間の心の最深部ないし最内奥には霊魂（anima, soul）と呼ばれる超意識的な高次の領域が実在する。その周辺部に、この霊魂の直接的な分岐である心ないし精神（いわゆる意識・無意識を含む）があり、その外側に肉体がある。肉体はそれを取巻く外界が心と交流する媒体（場）である。……彼の研究は、人間の精神と肉体とを形成・維持する根本原理を突きとめることにあった。この原理とは、彼が後半生に宗教体験によってその実在と働きとを直観した「霊魂」すなわちラテン語のanimaである。これは通常は英語でsoulと訳され、現在流布している邦訳書でもほとんどが霊魂と訳されている。大拙博士はこのsoulを『スエデンボルグ』において〈霊性〉と訳したのである！　しかもこの訳語に〈ソール〉とルビまでふっている。この事実から、また前述の霊魂の説明から、大拙博士が霊性をスウェーデンボルグの霊魂の意味に解していたことは議論の余地なく明白である。『日本的霊性』の中には確かに〈魂〉や〈たましい〉への言及があるが、同書中の〈心〉や〈精神〉への言及と同様に、スウェーデンボルグの言う〈霊魂〉――博士自身の用語である〈霊性〉――と区別されている。私見ではあるが、仏教語としてなじみが薄く、また誤解されるおそれのある〈霊魂〉を、博士は意図的に避けたと思われる」（『鈴木大拙全集』第二三巻月報二三、岩波書店二〇〇一）。さらに次の論文で高橋は、知性に対立するものとしての広義の意志（狭義の意志、愛、感情、情動、意欲、欲求等、自由の能力の総称）にも霊性との内容上の一致を語り（「鈴木大拙の〈霊性〉の概念について」文化女子大学人文科学会『人文科学』第一二巻第一号二〇〇三）、大変興味深い指摘をしている。

（30）大拙は宗教的世界を捉える論理として霊性的自覚ということを語る。

「知性の否定は知性以外のものからでないと出来ない。——〈以外〉底は知性を離れているものでなくてはならぬ。知性はそれによりて否定されながら、またそれによりて知性の知性たるゆえんを全うしなければならぬ。このようなものは知性そのものとは考えられぬ、なにか知性の中にあって知性を指導していながらしかも自らは知性とその性格を異にしたものでなくてはならぬ。矛盾の自己同一というものが考えられねばならぬ。自分はこれを霊性的自覚と云いたいのである。知性の分別に対して、このように名づけておくのである。それは知性の外に、知性に対して、在るのではないことはいうまでもない。外に在って外に在らず、対していて対することなく、内にあってしかも知性と一つのものでないというところの絶対矛盾性の当体そのものである」（『鈴木大拙全集』第九巻「霊性的日本の建設」岩波書店〈一九四六〉二〇〇一、七三―七四頁）。

（31）子安宣邦のこの点に関する批判的指摘は妥当と思われる。「しかしこの昭和十年代の歴史解釈学的な精神史の方法によるような日本的霊性の主題化の説明は、説明以上のなにものでもない。ヨーロッパ諸民族の霊性と相対化されるような日本的霊性を大拙は実際に語ろうとしているのではない。『日本的霊性』では霊性の語りが何より日本的霊性として語られるのだし、語られねばならないのだ。そのゆえんを上の説明は全く語っていない」（「なぜ日本的霊性なのか」『鈴木大拙全集』第二五巻月報二五、二〇〇一）。

（32）「莫妄想《まくもうそう》」これは「妄想すること莫《な》かれ」と読む。または、「妄想しようが莫《な》い」とも読む。その意味するところは、妄想というのは対立的にものを見ることで、善と悪、生と死、悟りと迷いというように、ものごとを区別し概念化してしまう思考法のことである。その観念は自我、煩悩、観念など人間の都合によって作りあげたものである。そういう自己を突き破る言葉が莫妄想である（『大法輪』第六七巻十号「禅語小事典」中野東禅、二〇〇〇、七八頁）。

（33）「無分別」分別から離れていること、主体と客体を区別し対象を言葉や概念によって分析的に把握しようとしないこと。この無分別による智慧を「無分別智」あるいは「根本智」と呼び、根本智に基づいた上で、対象のさまざまなあり方をとらわれなしに知る智慧を「後得智」と呼ぶ（中村元著『仏教語大辞典』東京書籍一九八一）。

（34）よって私は、園田坦のように大地性に宗教的な特殊性をみようとするものではないと考える。つまり、親鸞における霊性は「ただ大地性あるいは大地の持つ生命性という歴史的特殊性に基づくのみならず、——またそれが生ずる根源は、普遍的超越性にまで届いている」（園田坦『日本の神学』四七「日本的霊性をめぐって」日本基督教学会二〇〇八、二五頁）のように、霊性を特殊―普遍関係で捉えようとする考え方とは解釈を異にする。

（35）仏教学者・簗山修道は直覚について次のように説明している。それは「一切の個々の存在するものをそのようなものとして在らしめ生かしている超個の大いなる用《はたらき》である。しかるに、その用が各人に自覚的に働き出るとき、それが霊性的自覚ないし直覚」である（『大法輪』第七三巻七号「鈴木大拙と妙好人」二〇〇六、一〇九頁）。

第三章　「霊性の宗教」の可能性

（1）たとえば存在論的諸要素の一つ「動性 dynamics と形式 form」についてのティリッヒの説明は註の第二章（19）を参照。

（2）「神の霊」と「聖霊」について、語源的には前者は πνεῦμα（τοῦ）θεοῦ（divine Spirit）、後者は（τό）πνεῦμα (τό) ἅγιον (Spirit) であり、ティリッヒは共に大文字の英語で表記し特別な区別をしていない。

聖霊とキリストとの関係に関してはヘンドリクス・ベルコフにより次のような指摘がなされている。新約聖書において聖霊とキリストとの関係には二つの立場が示されている。「一つは共観福音書で支配的と見られる仕方で、そこでは霊は、イエスに対して神的優位をもち、イエスは霊の担い手として描かれている。それは、霊はメシヤの上にとどまるという預言者の見方と一致する。イエスがメシヤ、油注がれた者と呼ばれたのは、主なる神が彼に霊を注がれたからである。マタイとルカによれば、イエスの上にこの霊がとどまったのは誕生に始まる。〈その体内に宿っているものは聖霊によるのである〉マタイ1：20とある」。

しかし「パウロとヨハネにおいては、霊とキリストとのもう一つの関係が支配的である。ここではイエスは、霊の担い手であるよりは霊の送り手である。パウロは〈キリストは生命を与える霊となった〉1コリ15：45とさえ言っている。彼は霊を、キリストの霊、御子の霊として描いているローマ8：9。ヨハネはこの関係をさらにはっきりとまた力強く述べている。彼によれば、キリストは霊を〈父が私の名によって使わされた聖霊〉ヨハネ福音書14：16、また〈もし私が去ってゆけば、それをあなたがたにつかわす〉ヨハネ福音書16：7と言い、20章22節では復活のキリストが、使徒たちに息を吹きかけて、聖霊を与えている」。

だが「この二つの面は決して矛盾しない。むしろ互いに補い合う。ヨハネ福音書1：33では両者が一緒になって同じ文章の中に出てくる。〈ある人の上に、御霊が下ってとどまるのを見たら、その人こそは、御霊によってバプテスマを授けるかたである〉と、神は洗礼者ヨハネに語っている。イエスはまず御霊の受領者・担い手であるからこそ、御霊の送り手たりうるのである」（『聖霊の教理』松村克己、藤本治祥訳、日本キリスト教団出版局二〇〇六〈一九六七〉、二四―二六頁）。

（3）パウロの霊性観にこのような可能性のあることを氷見勇はすでに指摘している。「パウロには二つの異なった霊理解、あるいは、二つの異なった人間理解が存在する。その一つは、贖罪としてのイエス・キリストを通しての霊理解であり、――その霊はイエス・キリストの御名によって罪を贖う力として理解される。それに対して、第二アダムとしてのイエスに働く霊は、全ての人間に神の恵みがあまねく働きとして理解される霊である。その霊理解は神の霊であり、それはキリスト教や仏教といった宗教に関係なく、すべての人々に働く霊として理解される」（「スピリチュアリティとキリスト教」『スピリチュアリティの現在』人文書院二〇〇三、六八頁）。

（4）霊性を私たちの神的世界と関わる能力として捉えたティリッヒや大拙に対して、霊性を実体論的に捉え、霊魂、霊界、オーラの存在を明確に述べているのが二〇世紀初頭に活躍した神秘主義的思想家ルドルフ・シュタイナーである。彼は霊性が十全に働く世界として、フィヒテが「新しい内的感覚器官」と呼んだ超感覚的世界の存在を自らの体験と思索から霊性あるいは霊的世界として捉え、この日常世界を超えた「霊的世界」の存在から人間の真のあり方を考える。その霊性は、私たちの諸感覚には隠された、「人間の真の本質」を認識させる働きをなすものであり、「隠された英知」として、すべての人がそれを有すると言う。（R・シュタイナー『神智学』高橋巌訳、筑摩書房二〇〇七、二二頁）。さらに、この霊の世界は私たちが種々の行法と輪廻転生によって達することが可能であると述べる。

このような霊性を実体論的に捉えた考え方は、一八世紀の神秘的思想家スウェーデンボルグの霊的世界観と類似のものであり、最近マスコミ等で活躍している霊能者と言われている人々の思想のルーツとなるものであろう。

彼によると、私たちの霊は後述するような諸々の修行や輪廻転生をくり返すことを通して霊的な進化、純化をなし、最終的には自己の守護霊との一体化の段階に入る。守護霊という神的存在との合一の条件の第一段階として、すべての感覚的な束縛からの解脱、第二段階として、利他行の遂行が示されている。前者はプラトンにおける肉体からの魂の解放のように、心身二元論を前提として純粋な精神性（霊性）を目ざすものである。後者は、仏教の菩薩道と慈悲の精神、キリスト教の贖罪思想による人類の救済にその完成された姿をみることができよう。共に私たちの霊が努力・精進することにより、その実現に近づくのである。

ただ問題は、彼がしばしば述べる霊魂、霊界の存在、死後の世界、輪廻転生、霊眼によるオーラの知覚、等をどのように考えるかということである。これらをダイレクトに捉える場合、それは科学のような検証が不可能ゆえに、また芸術や道徳のようにその普遍性を主要な特徴とすることが困難であることから、主観的な思い込みや超現実的なオカルティズムに流れる可能性を持つ。

これを避けシュタイナーの立場に今日的意義を持たせるための方法として、霊とその実体的働きを象徴的に解釈するということが考えられる。たとえばプラトンのイデア界のように、イデアが理念として、現実の私たちの目ざすべき理想や原型であると考えることで、その存在の可否の問題が不可避となるのではなく、イデアに対する私たちの態度、生き方が重視されるのである。同様にシュタイナーの霊界や守護霊は私たちの仰ぎ見る理念であり、それを目ざしての私たちの努力、精進が重要であり、そうして私たちの精神的進化が意味を持つと考えられる。つまり、ここでは霊性（霊、霊界、守護霊）というものが私たちから独立に存在することが重要なのではなく、私たちにとっていかなる意味を持つか、またそれは私たちの生き方をどのように変えていくかということが第一なのである。

そこから、「無常な日常の背後にある永遠なる自己を目ざす生き方」、そのための「物質界の利己的な欲望に捕われないで物質界が霊界表出の手段であるとする生き方」、「自己の持っているすべての能力を他者の幸せのために捧げる生き方」を深く考える人生が私たちの前に現出する。そしてこれらの生き方をいかに実現するかということを考えた場合、シュタイナーが提唱した種々の実践方法が有効となる。つまり霊界に入り、最終目標である高次の霊的存在と交わるための修行として次のものがある。

①霊界参入に必要な三つの修行
②高次の認識を獲得するための五つの実践
③神秘修行に入るための七つの条件
④修行者の行による身体部分の八つの霊的知覚（蓮華・チャクラ）の開花
⑤これらの感覚を育成するための修行として「六つの行」
⑥高次の認識に至る四つの特性
⑦秩序ある高次の感覚形成のための二つの行法

（R・シュタイナー『いかにして超感覚的世界の認識を獲得するか』高橋巖訳、筑摩書房二〇〇二、九二―二〇八頁）

これらは（特に第四番目の修行は仏教の八正道と同内容であるように）霊的な能力の獲得の可否が問題であるよりも、それに至るための私たちの心身の修行、その実践という道徳的なアプローチに重点がおかれている。その結果として高貴な人格の獲得等、高度な心身が達成される。これはカント的な宗教の道徳的解釈と同一方向にあり、シュタイナーの高度な宗教思想を現代に生かす一つの有力な方法である。

このような道徳的な象徴解釈は前述したティリッヒや大拙の霊性観、つまり宗教的世界に導く、私たちの精神的能力の背後にある根源的な力、私たちの諸能力をその本来の純粋なあり方で働かせる力、そうなることによって私たちの純粋な霊性的生き方（自然法爾）に至る、そのような立場に通底するものであろう。

（5）ティリッヒはカイロスとカイロイについて次のように説明している。「われわれは、歴史が、具体的状況において、神の国の中心的顕示の突入を受容することができる点まで成熟した瞬間について語った。新約聖書はこの瞬間を『時の成熟』ギリシア語で『カイロス kairos』と呼んだ」と述べ、時が満ちて神の国の人類への歴史的顕現をカイロスと語っている。さらに、「パウロは、神が御子を使わされるであろう世界史的瞬間について語るとき、カイロスを用いた。それは歴史の中心となるべく選ばれた瞬間であった」。この神の子の歴史への顕現をパウロは「大いなるカイロス」と語っているが、やがてそれはティリッヒ自身のカイロス概念の中心を占めるものとなった。

ではカイロスとその複数形であるカイロイの相違はなんであろうか。彼は次のように語る。「カイロスの経験が教会史に属し、かの『偉大なるカイロス great kairos』、歴史の中心の顕現が相対的なカイロイ kairoi を通してしばしば再経験され、神の国が特殊な突入によって現れたということは、われわれの考察にとって重要である。一なるカイロスの諸々のカイロイに対する関係は、規準とその下に立つものとの関係であり、力の根源とその根源によって養われるものとの関係である」(STⅢ,pp.369-371)。

カイロスとカイロイの関係は、絶対と相対、普遍と特殊、唯一と多数、基準とそれへの従属、根源とその表出となる。神の国あるいは神の子の出現という絶対にして唯一のカイロスは、そのまま直接にではなく、教会史において、歴史において、しばしば、多様な形で現れるのである、これがカイロイである。カイロスはカイロイにおいてまさにその姿を現しているのである。

だが、ここでティリッヒが述べる世界の諸宗教に出現する霊の現臨というカイロイは、キリスト教のみに囚われない神の霊・カイロスがそれぞれの時間、場所への出現を語るものと考えるべきであろう。

(6)「あらゆるイスラエル生まれの宗教に社会倫理的要素が支配的であると同様に、あらゆるインド生まれの諸宗教においては神秘的要素が支配的であることは明白である」(MW5,p.311) とティリッヒが語っていることからも、彼が仏教を神秘主義的に理解していることは明らかである。

そこで、仏教学者鈴木大拙は仏教における霊性の存在を次のように語る。「宗教意識の覚醒は霊性の覚醒であり、それはまた精神それ自体が、その根源において動き始めたということになる――霊性は、それゆえに普遍性をもっていて、どこの民族に限られたというわけのものでない。漢民族の霊性もヨーロッパ諸民族の霊性も日本民族の霊性も、霊性であるかぎり、変わったものであってはならぬ」(『日本的霊性』岩波文庫、二〇頁)。大拙は仏教だけではなく神道、そしてヨーロッパの諸宗教においても霊性がその内に働いていると語る。

(7) 聖霊については聖書のそれぞれの時代において異なる特徴・働きがみられ、一義的に捉えることは困難であるが、おおよそ聖霊をそれ自身固有な内実を備えた独立の現実と捉える立場と神という実体に対する述語・属性とみる立場がある(ヘンドリクス・ベルコフ『聖霊の教理』三五―四二頁)。ティリッヒの立場は、霊を実体的に捉える三位一体論的な立場というよりも、彼がその典型的な例としてペンテコステの出来事をあげ、霊の性質・働きに視点をおき考察をしていることから後者に近い。そこで前述したようにspiritを「霊性」と訳すことによって前者の実体的な表現と区別したい。

(8) キリスト教以外の諸宗教の存在をどのように位置づけるかの研究が近年「宗教の神学」として論じられている。その特徴は芦名定道によると、「キリスト教以外の宗教の持つ神学的意義の自覚から、とりわけ諸宗教における真理と救済の可能性と現実性を一定承認した上で神学的にそれを説明し意味づけることが神学自体の問題として無視できないという意識から、諸宗教をめぐる諸問題は神学の周辺的問題ではなく、その中心的部分を構成するという神学的主張が行われるに至っている」、ということである。さらにその神学的対応に三つのパターンがあるとして詳論している。

①救いや解放を特定の宗教的伝統に限定する排他主義。これは最近までのキリスト教神学の多くが公式にとってきた立場である。これは「教会の外に救いなし」というキリスト教の伝統的な見解に沿って、多元論的状況にも対処しようとする立場である。つまりキリスト教=絶対宗教ということである。

②ある一つの宗教的伝統に他のすべての諸伝統の真理契機を包括的に取り込む包括主義。カール・ラーナーの「無名のキリスト者」のように、異教徒がキリスト教の伝道に接する以前に宗教的真理や真実の啓示を経験するという事態を承認するが、しかしその異教徒は、すべての人は救いの途上にあるという意味で潜在的なキリスト教徒、つまり無自覚なキリスト教徒である。

③いずれの宗教的伝統も、それぞれの固有の仕方で救いや人間解放についての真理を持つことを承認する多元主義。それは自己絶対化や他者の立場の固有の意味の否定に至る先の二つの立場への批判として提出される。多元主義は「私の宗教」中心主義、す

べての宗教や価値観が自分の宗教を中心にめぐっているという独善的在り方を脱却することを要求する。これはキリスト教の場合は「キリスト」中心から「神」中心へと見方を変えて、他の偉大な世界宗教と共にキリスト教も、共通の「同一の究極的な神的実在」の周りを回っているという視点に立つことを意味する。ここからさらにジョン・ヒックの宗教多元主義に進み、それぞれの宗教は同一の神的実在についての部分的な真理を所有しているだけであり、それらを相補的に捉えることによってのみ完全な神認識に近づきうるという。したがって、諸宗教はまさに神学的理由から対話の必然性を有することになる（芦名定道『ティリッヒと現代宗教論』北樹出版一九九四、一九七、二〇〇—二〇四頁）。

以上、他宗教に対する三つの対応をみると、ティリッヒの立場は『組織神学』第三巻〈一九六三〉までは第二の立場であるが、それ以後は第三となったと考えられる。

（9）「有限なものが神と人間との一致の媒介となる場合、それをティリッヒは象徴と名づけた。象徴とは無限なものが有限なものに入り込むことであり、有限なものが無限なものに入り込むことである。時間空間のあらゆる現実（思想、言葉、出来事、対象、行為、物語、人間、グループ、歴史）がティリッヒにとって象徴となる。この象徴は超越的なものと内在的なものに分かれる。前者が宗教的言葉であり、後者がサクラメント的現実である。宗教的言葉が神と人間の出会いの媒介として現れ、そこでは神は彼方のものとして考えられるのに対して、サクラメントは神と人間の出会いの媒介として現れ、そこでは神は身近なものとして経験される。——サクラメントは物でも印でもない、それは代表的シンボルである。それは神的なものを代表する、しかしそれは神と同じではないし、たんなる印—想起ではない。それは神を顕とし、そして人間に神との一致を可能とする」（Sturm Wittschier,Paul Tillich,seine Pneuma-Theologie,Glock und Lutz Nürnberg,1975,S.106-115）。

（10）この点に注目したのが芦名定道である。彼はパウロ神学の中心は聖霊論であるとし、祈りについての例で、「祈りにおいては外からくる神の言葉と人間の内的経験との最高の総合が霊の働きにおいて生成するのである。ティリッヒはこの内と外との対立を克服する霊の調停的力の理解に関してパウロが多くの神秘主義者が語るのと同様の事態を表現していると述べる。霊の経験は存在の聖性と当為の聖性との統一、あるいは神との一致と神からの断絶との統一であり、〈具体的な霊の宗教〉の典型と言える」。このように彼は語っているが、私はむしろ霊性の定義である「力と意味との統一」という観点からパウロとの接点を論じることで、エクスタシー的要素および理性的要素と霊性との関連がより明確となると考える（芦名定道『ティリッヒと現代宗教論』二五一―二五二頁）。

(11) ティリッヒは「創世記2：7」「ヨブ記33：4」「ルカによる福音書8：55」などをその根拠とし、霊性とは、たんに人間の諸能力に並ぶ一能力ではなく、それらすべてを含む豊かな能力であり、生命を与え、創造し活動する生ける力であるという。さらに彼は「人間の内に働く霊性」を「力 power と意味 meaning との統一である」と定義した。ここに「力と意味」として示された霊性の二つの特徴・働きは、車の両輪のように相互に支え補う関係にあり、存在の基礎的な諸要素を内容とし存在を構成するのである。詳しくは本論第二章第三節や註第二章（19）の箇所を参照。

(12) つまり他宗教もキリスト教と同等の立場で自己の真実性を語ることである。ただティリッヒの「霊性の宗教」はキリスト教をモデルとして考えたのではないかということが藤倉恒雄によって主張されている。「この講演におけるティリッヒの『霊性の宗教』の説明が簡潔であるのは、『組織神学』における彼の霊論を超えるものではないからと筆者は判断している」（『ティリッヒの神と諸宗教』新教出版社一九九二、二二三頁）。藤倉は『組織神学』の時代と最晩年の主張との間にある種の連続をみようとする。その理由は、『組織神学』第三巻における霊性論の内容の類似性、「霊性の宗教」のパウロの聖霊論による根拠づけやシェリングの影響をあげる。たしかに、「霊性の宗教」はその特徴を考えた場合、キリスト教に最も近いということは確かである。ティリッヒが「霊性の宗教」を考えた際、キリスト教から多くのヒントを得たことは確かであろう。しかしだからといって、キリスト教が「霊性の宗教」に一番近く、その意味で優位を持っているとは言えない。「霊性の宗教」の二つの特徴である、霊性によるエクスタシー体験、聖なるものの内在するサクラメントはキリスト教のみではなく、他宗教にもみられることから、キリスト教を含む諸宗教は等しく「霊性の宗教」に向かって目的論的に立っている。それゆえ、ティリッヒの「霊性の宗教」は『組織神学』時代のキリスト教優位の立場を超えて、キリスト教を含む諸宗教とは一線を画した新たなニュートラルな理念的立場と考えるべきであろう。

(13) 芦名定道はこの点を「対話には相互の言表の翻訳を可能とする共通のコードが必要である。この共通言語を練り上げること自体は宗教学あるいは宗教哲学の課題であるが、ティリッヒの場合には宗教現象学と存在論的人間学に基づく類型論がこの共通基盤として機能している。この基盤に立って諸宗教の類似性と差異性の比較検討が可能となる」（芦名定道『ティリッヒと現代宗教論』、二二五頁）と語っている。たしかにこのような学的枠組みにおける共通基盤も当然考えられよう。

あとがき

8年前に公にした拙書『カント宗教思想の研究』において述べたように、カントの理性の立場では、宗教の世界を明らかにするには不十分であった。彼が解明したのは、認識の世界を最終的に統合する神であり、道徳の世界を基礎づける神であり、美の普遍性を背後より支える神ではあったが、愛や救いを司る宗教の神ではなかった。それ以来、何らかの方法論により宗教の世界を解明できないかという思いで、先達の思想を学んでいるうちに、ある種の考えに到達した。それは本書の題名が示すように、「霊性」spirituality である。この言葉は近年各方面でも話題となっているが、まだ理性や知性のようにアカデミックには市民権を得ているとは言いがたい。しかし、20世紀の偉大なキリスト教思想家パウル・ティリッヒはこれを正面から取り上げている。特に彼は晩年、それを自己の神学思想の根幹に据え、それが宗教的世界を解明するのに不可欠な私たちの能力ではないかということを論究しようとしたと考えられる。

そこで本書は彼の考えを道標としつつ霊性の存在とその意義を明らかとし、そこから宗教の世界を解明しようとしたものである。だが、霊性の特徴とその働きをどのように位置づけるべきかあまり確定したものがない以上、本書はその点にも力点をおかねばならなかった。そこで本書は純粋な研究書というよりも、霊性の存在とその普遍性をめぐっての晩年のティリッヒ神学の紹介という啓蒙的な面が多少強くなったかもしれない。

ところで霊性は単に宗教的世界に関わる能力というだけではなく、私たちが他者や他の世界を理解するときに大きな力となるものと考える。つまり、他者への思いやりや異文化への理解・共存、そして愛の力となるものである。そして今日の地球規模の諸問題を解決する種々の能力を背後より支えその活力を提供する大きな力であり、私たちの未来を具体的に指し示す力となるものと考える。このような、初期キリスト教のペンテコステの出来事にその端的な例を見る霊性観はティリッヒの枠組みを超えるものであるが、歴史上に偉大な足跡を残した宗教者や思想家、そして科学者（レオナルド・ダ・ヴィンチのような）はこのような霊性の力を全身に受け、それに従った人たちではなかろうか。近代の日本に限っても内村鑑三、宮沢賢治など、霊性的な能力に満たされ、それを豊かに発揮した人々は多々存在したと考えられる。

しかし今回は、この霊性の広大で深遠な世界を論じるのに避けて通れない先駆者たちの立場をあまり吟味することができなかった。スペイン神秘主義のアビラの聖テレサ、十字架の聖ヨハネ、イグナチオ・デ・ロヨラ、および18世紀の神秘的思想家スウェーデンボルグ、20世紀初頭に活躍したルドルフ・シュタイナーなど霊性にあふれた思想家たち、そして東洋や日本の霊性に生きた思想家たちである。今回はその一人鈴木大拙の述べる仏教的霊性観を紹介したが、仏教に関しては別な視点からも論及が必要であろう。そのようなわけで本書は霊性についての考察の第一歩にすぎず、いずれこれらの霊性的思想家に取り組みたいと思っている。

本書に収められている霊性に関する論文は約7年前から大学の紀要や日本基督教学会で発表したものが中心であるが、この度の本書作成のため書き下ろしたもの（1章、2章2・3節、3章2節）も含まれている。

なお、私自身がこのような構想を持ちそれを育てる過程でご指導をいただいた、元茨城キリスト教大学教授野口誠先生（キリスト教的霊性に関しその深い体験から）と元文化女子大教授高橋和夫先生（スウェーデンボルグの神秘的世界の深遠な霊的空間を開示）に心から感謝を申し上げたい。また、本書を出版するうえで、この度も北樹出版の方々のご好意におすがりした。この種の本は昨今出版が困難にもかかわらず、快く引き受けてくださった北樹出版社長木村哲也様、および煩雑な校正を丁寧に行い、適切なアドバイスをしてくださった編集部の福田千晶さんに御礼申し上げたい。

二〇一〇年九月一日

著　者

著者略歴

石浜　弘道（いしはま・ひろみち）

昭和51年　日本大学文理学部哲学科卒業。
昭和57年　玉川大学大学院文学研究科博士課程修了。
現在、日本大学理工学部一般教育教授（哲学等担当）文学博士。

著　書『他者の風景—自己から関係世界へ—』（共著）批評社　1990年
『哲学の玉手箱—深く知ることの面白さ—』（編著）北樹出版　1999年
『哲学の軌跡』（分担執筆）北樹出版　1998年
『カント宗教思想の研究—神とアナロギア—』北樹出版　2002年
『科学技術と人間』（共著）和広出版　2004年
『芸術と宗教—キリスト教的視点より—』北樹出版　2008年

霊性の宗教——パウル・ティリッヒ晩年の思想——

2010年10月30日　初版第1刷発行

著　者　石浜弘道
発行者　木村哲也

・定価はカバーに表示　　印刷　新灯印刷　／製本　新里製本

発行所　株式会社　北樹出版

http://www.hokuju.jp

〒153-0061　東京都目黒区中目黒1-2-6
TEL：03-3715-1525（代表）　FAX：03-5720-1488

© Hiromichi Ishihama 2010, Printed in Japan

ISBN　978-4-7793-0249-7

（乱丁・落丁の場合はお取り替えします）